HOMO
DELIVERICUS
호모 딜리배리쿠스
배송 문명은 어떻게 우리를 바꿨는가

HOMO
DELIVERICUS

호모 딜리버리쿠스
배송 문명은 어떻게 우리를 바꿨는가

2026년 3월 31일 초판 1쇄 발행

지은이　김철민
펴낸이　권이지
편　집　권이지·이정아

인　쇄　성광인쇄
펴낸곳　홀리데이북스
등　록　2014년 11월 20일 제2014-000092호
주　소　서울시 금천구 가산디지털1로 16 가산2차 SKV1AP타워 1415호

전　화　02-6223-2302
팩　스　02-6223-2303
E-mail　editor@holidaybooks.co.kr

ISBN　979-11-91381-27-6 03320

HOMO DELIVERICUS

호모 딜리벼리쿠스

배송 문명은 어떻게 우리를 바꿨는가

김철민 지음

HOLIDAYBOOKS

추천사

"우리는 배송을 설계하면서도 그 구조가 소비자의 삶을 어떻게 재편하는지 묻지 않았다. 이 책은 산업 안에서 26년을 보낸 사람만이 던질 수 있는 질문을 던진다. 편리함의 이면을 직시하게 만드는, 업계 종사자일수록 불편한 책이다."

— 민정웅 인하대학교 아태물류학부 교수

"물류학은 효율의 언어로 말해왔다. 더 빠르게, 더 정확하게. 이 책은 그 너머를 본다. 라스트마일이 단축될수록 인간의 이동 반경도 줄어든다는 역설. 물류를 가르치는 사람으로서 우리 학문의 지평이 넓어져야 한다고 느꼈다."

— 송상화 인천대학교 동북아물류전문대학원 교수

"기술이 유통을 바꿨다고 말해왔다. 이 책은 뒤집는다. 유통이 인간을 바꾸고 있다고. 오랫동안 유통과 IT의 교차점에서 일해온 사람으로서, 이 한 문장의 전환이 가장 날카롭게 와닿았다."

– 김경환 영풍문고 사장

"『네카쿠배 경제학』의 김철민 대표가 5년 만에 다시 묻는다. 택배 60억 개는 성장의 지표인가, 멈춰선 인간의 수인가. 배송이 빨라질수록 우리의 하루가 어떻게 재편되는지, 이 책이 아니었으면 묻지 못했을 질문이다."

– 성행경 서울경제 건설부동산 부장

CONTENTS

PART 01 정지된 인간: 이동을 멈춘 종의 탄생

• 21

PART 02 창고가 된 도시: 물류가 점령한 공간의 기록

• 65

HOMO DELIVERICUS

나는 언제부터
밖에 나가지 않아도
살 수 있게 되었을까

프롤로그

  2025년 11월, 대한민국 역사상 최대 규모의 개인정보 유출사고
가 터졌다. 쿠팡에서 3,370만 명에 달하는 고객의 이름, 주소, 연
락처, 그리고 구매내역까지 유출되었다는 뉴스가 연일 언론을 뒤
덮었다. 사람들은 분노했고 불안해했다. SNS는 "개인정보를 이렇
게 허술하게 관리하다니", "이제 어떻게 믿고 쓰나", "탈퇴한다"
는 비난으로 들끓었다.

  며칠 뒤, 많은 이들이 다시 주문 버튼을 눌렀다. 새벽배송을 주
문했고, 저녁 식사를 시켰으며, 생필품을 장바구니에 담았다. 분
노는 사라지지 않았지만, 많은 이들이 주문을 멈추기 어려웠다.
실제 데이터는 이 기묘한 현실을 더욱 명확히 보여준다. 사태 발
생 이후 연말 특수에도 불구하고 해당 플랫폼의 카드결제액은 일
평균 56억 원 감소했지만, 곧 회복세로 돌아섰다. 분노의 유효기
간은 길지 않았다. 편리함에 대한 관성은 그보다 훨씬 강력했다.

이상한 일이었다. 자신의 가장 내밀한 정보가 어딘가로 새어나갔다는 사실에 화를 내면서도, 우리는 멈출 수 없었다. 배송은 계속되어야 했다. 내일 아침 현관 앞에 우유가 놓여 있어야 했고, 저녁에는 저녁이 와야 했다.

그날 나는 깨달았다. 우리는 이미 이 시스템 없이는 살기 어려운 구조 안에 있었다.

수요일 오후. 침대에 누워 스마트폰을 켰다. 냉장고는 열지 않았다. 냉장고 안에 무엇이 있는지 확인할 필요가 없었다. 배달앱을 열었다. 스크롤, 터치. 30분 뒤 초인종이 울렸다. 문은 열지 않았다. 문자만 확인했다. "문 앞에 놓고 갔습니다." 문을 열었을 때 거기 있는 것은 사람이 아니라 봉투였다.

그날 나는 세 번 문밖으로 손을 뻗었다. 점심, 간식, 저녁. 극단적인 하루였지만, 기술적으로는 전혀 불가능한 일이 아니었다. 집 밖으로는 한 번도 나가지 않았다. 저녁 무렵, 문득 깨달았다. 오늘 하루 아무도 만나지 않았다. 아무 곳에도 가지 않았다. 그런데 살아가는 데 아무 문제가 없었다. 아니, 오히려 편했다. 비를 맞지 않았고, 길을 걷지 않았으며, 사람과 부딪히지 않았다. 계산대에서 기다리지 않았고, 무거운 짐을 들지 않았다. 모든 것이 내 손가락 끝에서 해결되었다.

10년 전만 해도 상상할 수 없었던 삶이다. 지금 우리는 이 삶을 당연하게 받아들이고 있다. 당신은 어떤가. 식료품, 생필품, 의류, 가구, 심지어 약까지. 많은 것들이 배송된다. 일의 상당 부분을 집에서 처리할 수 있고, 친구는 메신저로 만난다. 우리 중 많은 이들은 언제부터 밖에 나가지 않아도 살 수 있는 선택지를 갖게 되었을까.

인류는 항상 이동하는 존재였다. 유목민은 계절을 따라 이동했다. 사냥감을 쫓았고, 풀이 자라는 곳으로 옮겨갔다. 정착 이후에도 마찬가지였다. 농부는 밭으로 나갔고, 상인은 시장으로 향했다. 장인은 작업장으로 출근했다. 하버드대 경제학자 에드워드 글레이저(Edward Glaeser)는 그의 저서 『도시의 승리』에서 인류 문명의 핵심을 '이동성'과 '근접성'으로 정의했다. 인간은 서로 만나기 위해 광장으로 나갔고, 거래하기 위해 시장으로 이동했다. 집은 이동을 마치고 돌아와 잠을 자는 베이스캠프였을 뿐, 삶의 실질적인 무대는 언제나 집 밖이었다. 도시는 물리적 접촉과 대면 상호작용을 통해 번영해왔다. 사람들이 모여 살고, 만나 대화하고, 얼굴을 맞대고 거래하며 문명은 발전했다.

이동은 선택이 아니라 생존의 조건이었다.

밖에 나가지 않으면 먹을 수 없었다. 일할 수 없었다. 살 수 없었다. 하지만 지금 우리는 어떤가. 이동하지 않아도 먹을 수 있다. 일할 수 있다. 살 수 있다. 아니, 이동하지 않는 것이 더 효율적이다. 밖에 나가면 시간이 낭비된다. 에너지가 소모된다. 예측 불가능한 변수가 생긴다. 비가 올 수도 있고, 교통이 막힐 수도 있으며, 원하던 물건이 없을 수도 있다.

집에 있으면 모든 것이 통제 가능하다. 클릭 한 번이면 물건이 온다. 회의는 화면으로 한다. 결제는 지문으로 끝난다. 우리의 일상에서 이동의 비중이 줄어들고 있다. 점점 더 많은 시간을 대기하며 보낸다. 배송을 기다리는 존재. 알림을 기다리는 존재. 문 앞에 무언가 놓이기를 기다리는 존재.

이 변화는 언제 일어났는가. 2020년, 코로나19가 세계를 멈췄다. 사람들은 집에 갇혔다. 밖으로 나갈 수 없었다. 하지만 삶은 계속되어야 했다. 그때 배송이 우리를 구했다. 음식이 왔고, 생필품이 왔다. 우리는 집 안에 있으면서도 살아갈 수 있었다. 팬데믹이 끝난 지금, 우리는 다시 밖으로 나갈 수 있다. 하지만 일부는 여전히 이전만큼 자주 나가지 않는다. 왜인가. 밖으로 나가는 것보다 배송받는 것이 더 편하기 때문이다. 더 빠르기 때문이다. 더 확실하기 때문이다. 우리는 자유를 되찾았지만, 그 자유를 사용하지 않는다.

이것은 단순한 습관의 변화가 아니다. 이것은 존재 방식의 전환이다.

우리는 새로운 종이 되었다.

호모 딜리버리쿠스(Homo Delivericus). 배송받는 인간. 배송을 '서비스'라고 생각하는가? 편리한 부가 기능, 선택사항, 있으면 좋고 없어도 괜찮은 것. 아니다. 배송은 이제 우리 삶을 작동하는 운영체제(OS)다. 그리고 생활 플랫폼은 이 운영체제 위에서 우리의 시간과 선택을 설계한다.

이것은 추상적인 비유가 아니다. 법률로 증명된 사실이다.

2021년 7월, 대한민국에서 생활물류서비스산업발전법이 시행되었다.

1998년만 해도 택배는 화물자동차운수사업법 시행규칙의 짧은 조항으로만 규정되었다. 행정편의를 위한 최하위 법 형식이었다. 그러나 23년 뒤인 2021년, 택배는 독립적인 법률을 갖게 되었다. 시행규칙에서 법률로. 이 상승이 의미하는 것은 명확하다. 택배는 더 이상 기업 간 화물 운송이 아니다. 국민의 일상생활과 밀접한 필수 인프라가 되었다.

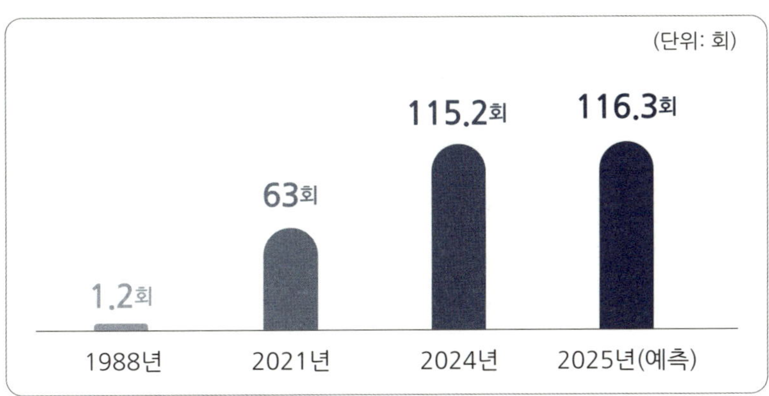

대한민국 1인당 연간 택배 이용 횟수 변화

숫자로 보면 더 명확하다. 1998년, 전국 택배 물동량은 5,795만 개에 불과했다. 국민 1인당 연간 1.2회. 일 년에 한 번 받을까 말까 한 수준이었다. 2025년, 택배 물동량은 60억 개를 넘어섰다. 27년간 103배 증가한 수치다. 이용 횟수는 1인당 1.2회에서 116.3회로, 97배 늘어났다.

법의 명칭을 보라. "생활물류서비스산업발전법". 여기에는 세 가지가 있다. 생활, 서비스, 산업 발전. "생활"이라는 단어의 추가는 산업 영역에서 문명 영역으로의 전환을 의미한다. 기업 서비스가 아닌 국민의 권리로, 경제정책이 아닌 사회정책으로 재정의된 것이다.

법은 현실을 따라간다. 그리고 생활물류법의 제정은 대한민국

이 법적으로 선언한 것이다. 우리는 이제 배송 문명 속에 산다고.

전기가 끊기면 안 된다. 수도가 멈추면 안 된다. 인터넷이 끊기면 안 된다. 그리고 이제, 배송이 중단되면 우리 일상은 즉각 마비된다. 2021년 10월, 한 통신사 직원의 명령어 누락으로 전국 인터넷망이 89분간 멈춰 섰을 때, 혹은 2022년 10월, 데이터센터 화재로 국민 메신저가 127시간 넘게 멈춰 일상이 마비되었을 때, 우리는 이미 이 시스템 없이는 하루를 살 수 없는 사람들이 되어 있었다. 2025년 11월, 3,370만 명의 개인정보가 유출되었을 때 사람들이 분노하면서도 주문을 멈추지 못했던 이유가 바로 여기 있다.

의존은 어떻게 만들어지는가. 처음에는 선택이었다. 편리함을 선택했고, 시간을 선택했으며, 효율을 선택했다. 한번 주문해봤다. 편했다. 다시 주문했다. 역시 편했다. 그러다 어느 순간, 선택이 아니게 되었다. 냉장고가 비어도 걱정하지 않게 되었다. 어차피 주문하면 되니까. 장을 보러 가는 것이 귀찮아졌다. 굳이 나갈 필요가 없으니까. 마트까지 가는 시간, 주차하는 시간, 줄 서는 시간이 낭비처럼 느껴졌다. 무거운 짐을 들고 오는 것이 비효율처럼 보였다. 그렇게 우리는 조금씩, 밖으로 나가야 할 필요성을 덜 느끼게 되었다. 정확히 말하면, 밖으로 나가야 할 이유가 줄어들었다.

의존은 나쁜 것인가. 그렇게 단순하지 않다. 배송은 우리에게 분명한 가치를 준다. 시간을 주고, 에너지를 주며, 선택지를 주고, 접근성을 준다. 노인은 무거운 짐을 들지 않아도 된다. 장애인은 이동의 어려움에서 해방된다. 육아 중인 부모는 아이를 데리고 마트에 가지 않아도 된다. 직장인은 퇴근 후 시간을 아낄 수 있다. 배송은 삶을 더 쉽게 만들었고, 더 편하게 만들었다. 누구도 이를 부정할 수 없다.

동시에 배송은 무언가를 가져갔다. 우리가 잃은 것은 무엇인가.

첫째, 공간 경험을 잃었다. 마트에 가는 길에 느끼던 계절의 변화, 장바구니를 들고 걷던 골목의 풍경, 계산대에서 우연히 마주친 이웃과의 어색하지만 인간적인 눈인사, 진열대를 둘러보며 새로운 상품을 발견하던 즐거움. 이 모든 과정이 사라지고 오직 '결과(물건)'만이 우리 손에 쥐어졌다.

둘째, 우연의 여지를 잃었다. 밖에 나가면 예상하지 못한 일이 일어난다. 우연히 친구를 만날 수도 있고, 새로운 가게를 발견할 수도 있으며, 갑작스러운 비를 맞을 수도 있다. 배송은 모든 것을 예측 가능하게 만든다. 확실하게 만든다. 통제 가능하게 만든다. 그리고 그 과정에서, 삶의 작은 설렘을 주던 우연이 사라진다.

셋째, 신체성을 잃었다. 걷는다는 것. 물건을 고르기 위해 손을 뻗는다는 것. 무게를 느끼며 들어 올린다는 것. 이 모든 신체적 경험이 스크롤과 클릭으로 대체되었다. 우리의 몸은 점점 더 많은 시간을 한자리에서 보낸다.

이것은 좋은 것인가, 나쁜 것인가. 답은 없다. 아니, 답은 하나가 아니다. 누군가에게는 해방이고, 누군가에게는 상실이며, 누군가에게는 둘 다. 중요한 것은, 우리가 선택한 것처럼 느끼지만 사실은 구조가 만들어낸 상태 안에 있다는 것이다. 우리는 편리함을 선택했다고 생각하지만, 시스템은 이미 우리를 그 안에 위치시켰다. 배송 없이는 살 수 없는 도시 구조. 배송 없이는 돌아가지 않는 일상. 배송 없이는 유지되지 않는 삶. 우리가 시스템을 사용하는가, 시스템이 우리를 사용하는가.

나는 물류 전문가로 불린다. 1999년 운송신문 기자로 시작해, 대형 물류기업에 다녔고, 다시 기자로 복직해 2012년부터 2019년까지 물류 전문 잡지 CLO(Chief Logistics Officer) 편집장으로 일했다. 그 시절 나는 "생활물류"라는 개념을 제안했다. 택배, 새벽배송, 음식배달, 온디맨드 퀵서비스까지, 국민의 일상생활과 밀접한 모든 물류 행위를 포괄하는 개념이 필요하다고 보았다. 그리고 이를 위한 법적·제도적 기반 마련을 주장했다. 그리고 2021년, 나는 그 용어가 법률 명칭이 되는 것을 보았다. 생활물류법. 내가 제안한 단어가 국회를 통과하고 대한민국의 공식 법률 용어가 된 순간, 나는 알았다. 이것은 단순한 산업의 성장이 아니라 문명의 전환이라는 것. 지금 나는 26년간 현장을 기록하며 산업의 변화를 문명의 언어로, 문명의 흐름을 산업의 현실로 번역해 온 해석자(Interpreter)다. 나는 이 시스템 안에 있다. 시스템 밖의 관찰자가 아니라, 시스템의 탄생을 목격하고 그 개념을 제안했으며, 법적 인정을 지켜본 증인이자 해석자다.

이 책은 우리가 얻은 것과 잃은 것, 편리함과 그 대가, 해방과 의존이라는 구조의 양면을 드러내고자 한다. 이커머스 등 생활 플랫폼이 왜 우리를 멈추게 하고 어떻게 움직이게 하는지, 공간보다 인간이 어떻게 통제당하고 있는지를 보여주고자 한다. 이 책은 도덕적 판단을 내리거나 옳고 그름을 가리지 않는다. 배송을 거부하라고 말하거나 시스템에서 벗어나라고 강요하지 않는다. 그럴 필요도 없고, 현실적이지도 않다. 우리는 이미 이 시스템 안에 있고, 이 시스템은 우리에게 분명한 가치를 주기 때문이다.

다만 이 책은 자각을 요청한다. 우리가 지금 어떤 구조 안에 있는지, 그 구조가 무엇을 주고 무엇을 가져가는지, 그리고 우리는 그 안에서 어떤 존재가 되고 있는지 인식하기를.

당신은 움직이는가, 움직여지는가?

이 책을 쓰는 동안 나는 수없이 배달앱을 열었다. 아침에 샐러드를 주문했다. 저녁에 밑반찬을 시켰다. 밤늦은 시간에 치킨을 주문해 받았다. 나도 이 시스템의 일부다. 나도 이 구조 안에서 산다. 하지만 이제 나는 안다. 내가 클릭하는 그 버튼이 단순한 구매가 아니라는 것을. 그것이 거대한 구조와 나 사이의 계약이라는 것을. 그 계약이 나에게 무엇을 주고 무엇을 가져가는지.

이 책을 읽고 나면, 당신도 알게 될 것이다. 당신이 편리함이라고 부르는 것의 이면을. 당신이 자유라고 느끼는 것의 구조를. 당신이 선택한다고 믿는 것의 작동 방식을.

당신의 삶은 지금 어디로 배송되고 있는가?

HOMO DELIVERICUS

정지된 인간:
이동을 멈춘 종의 탄생

PART 01

현관문 앞이
세계의 끝이다

1.

"현관문 앞이 세계의 끝이 되었다. 집은 주거 공간에서 생활 플랫폼으로 진화했다. 우리가 잃어버린 것은 거리보다 시간의 주권이었다."

지난주 수요일, 나는 단 한 번도 집 밖으로 나가지 않았다. 아침 7시 30분, 알람이 울렸다. 침대에서 손을 뻗어 스마트폰을 집어 들고, 아직 누운 채로 밤사이 도착한 메일을 확인했다.

8시 30분, 일어나 커피를 내렸다. 창문 너머로 들어오는 아침 햇살이 좋았지만, 신발을 신을 생각은 하지 않았다. 아침 9시, 모니터 앞에 앉자 화상회의가 시작되었다. 상반신은 셔츠였지만, 하반신은 여전히 편한 트레이닝 바지였다. 점심때 초인종이 울렸다. 문 앞에 놓인 서류 봉투. 회의가 끝나면 가져올 생각으로 열어보지 않았다. 오후 내내 이메일을 주고받았다. 계약서는 전자서명으

현관문 앞은 이제 많은 것들이 도착하는 종착역이자,
우리가 세상을 만나는 주요 접점 중 하나가 되었다.

로 전송했고, 은행 업무는 스마트폰의 지문인식으로 해결했다. 저녁 7시, 하루 종일 굳게 닫혀 있던 현관문을 보며 문득 생각했다. 무언가를 놓쳤다는 불안감 대신, 오히려 만족감이 밀려왔다. '참 효율적인 하루였다.'

불과 10년 전만 해도 상상할 수 없었던 풍경이다. 우리는 언제부터 밖에 나가지 않아도 '아무 문제 없는' 사람이 되었을까? 이것은 단순히 개인의 게으름이나 선택의 문제가 아니다. 이것은 우리가 사는 세상의 운영체제(OS)가 바뀌었다는 명백한 신호다. 26년간 산업 현장을 기록해 온 해석자로서, 나는 이 변화가 기술의 진보를 넘어선 문명사적 전환임을 직감한다.

이동의 종말, 대기의 시작

인류의 역사는 곧 이동의 역사였다. 유목민은 계절을 따라 이동했고, 사냥감을 쫓았으며, 풀이 자라는 곳으로 옮겨갔다. 정착 이후에도 마찬가지였다. 농부는 새벽에 일어나 밭으로 향했고, 상인은 시장으로 떠났으며, 장인은 작업장으로 출근했다. 삶은 항상 이동 위에 세워져 있었다.

경제학자 에드워드 글레이저(Edward Glaeser)는 그의 저서 『도시의 승리』에서 인류 문명의 핵심 동력을 '초밀집'과 '이동성'으로 정의했다. 인간은 서로를 만나기 위해 광장으로 나갔고, 거래하기 위해 시장으로 이동했다. 집은 이동을 마치고 돌아와 잠을 자는 베이스캠프였을 뿐, 실질적인 삶의 무대는 언제나 집 밖이었다. 도시는 물리적 접촉과 대면 상호작용을 통해 번영해왔다. 사람들이 모여 살고, 만나 대화하고, 얼굴을 맞대고 거래하며 문명은 발전했다. 이동은 선택이 아니라 생존의 조건이었다. 밖에 나가지 않으면 먹을 수 없었고, 일할 수 없었으며, 만날 수 없었다. 살 수 없었다.

지금의 집은 어떤가? 아침 9시, 노트북을 열면 거실은 사무실이 된다. 점심 12시, 배달앱을 터치하면 주방은 레스토랑이 된다. 오후 3시, 줌(Zoom)을 켜면 거실은 회의실이 되고, 저녁 8시, 넷플릭스를 켜면 거실은 극장이 된다. 물리적 공간은 그대로지만 그

안을 채우는 기능은 시시각각 변한다. 집은 더 이상 잠만 자는 곳이 아니다. 일하고, 먹고, 만나고, 쇼핑하는 모든 일이 여기서 일어난다.

과거의 집이 세상으로 나가기 위한 출발점이었다면, 현재의 집은 세상의 모든 서비스가 수렴되는 최종 목적지다. 우리가 이동하며 세상을 찾아다니는 대신, 세상이 알고리즘의 경로를 타고 우리 현관문 앞으로 찾아온다.

전환은 숫자로 증명된다. 2025년 온라인 쇼핑 거래액은 300조 원을 돌파하며 사상 최대치를 기록했다. 10년 전인 2013년 38조 원에서 약 8배 증가한 수치다. 택배 물동량은 60억 개를 넘어섰다. 국민 1인당 연간 116개, 사흘에 한 번꼴로 택배를 받는다. 새벽배송 시장 15조 원, 음식배달 26조 원. 합치면 연간 50조 원이 넘는 시장이다.

숫자의 의미는 명확하다. 평균적으로 사람의 이동은 줄어들고, 물건의 이동은 늘어났다. 우리 중 많은 이들의 활동 반경이 축소되는 동안, 시스템은 가속했다. 누가 누구를 향해 움직이는가. 이 질문의 답이 바뀌었다.

해방의 시간, 상실된 우연

거동이 불편한 노인에게 배송은 분명한 해방이다. 무거운 짐을 들고 마트를 오가는 부담에서 벗어날 수 있기 때문이다. 재택으로 인해 출퇴근 시간이 사라진 직장인은 그 시간에 아이와 놀고, 운동을 하며, 여유를 즐긴다. 비 오는 날 외출하지 않아도 되고, 무거운 짐을 들지 않아도 된다. 몸이 불편한 노인이나 육아 중인 부모에게 이것은 진보다. 부정할 수 없다.

동시에, 우리는 무언가를 잃었다. 10년 전 어느 토요일 오전을 떠올려보자. 한 남자가 장바구니를 들고 마트로 향했다. 엘리베이터에서 이웃 할머니를 만나 "어디 가세요?", "장 보러요." 하고 5초짜리 대화를 나눴다. 그것은 관계였다. 무더운 날 마트에 도착해 입구에서 차가운 에어컨 바람을 맞으며 계절의 온도차를 느꼈다. 그것은 감각이었다. 과일 코너를 지나다 복숭아 향기에 이끌린다. 사려던 것이 아니었지만 하나를 집어 들었다. 그것은 우연한 발견(Serendipity)이었다. 계산대에서 줄을 서다 앞사람이 산 과자를 보며 '저 과자가 맛있나 보네. 다음엔 나도 사봐야지.' 하고 생각했다. 그것은 정보였다. 집으로 돌아오는 길, 무거운 장바구니를 든 팔이 아팠다. 그것은 노동이었고, 신체였다.

오늘날 많은 이들의 토요일 오전은 달라졌다. 어떤 이는 침대에 누워 스마트폰을 켠다. 배달앱을 열고 스크롤과 터치 몇 번으로 주문을 마친다. 30분 뒤 초인종이 울리고, 문 앞에는 배달앱이 추천한 과일 샐러드가 담긴 상자가 놓여 있다. 이 과정에서 그는 이웃을 만나지 않았고, 온도를 느끼지 않았으며, 새로운 것을 발견하는 대신 추천받았다. 팔은 아프지 않았고, 몸은 거의 움직이지 않았다. 마트에 가는 것은 단순히 물건을 사는 행위가 아니었다. 이웃과 마주치는 순간이었고, 계절의 온도를 느끼는 피부 감각이었으며, 진열대에서 예상치 못한 과자를 발견하는 작은 기쁨이었다. 배송 문명은 이 모든 '비효율적인 과정'을 삭제하고 오직 '결과(물건)'만을 우리 손에 쥐여준다. 과정 없는 결과. 이동 없는 도착. 우연 없는 만남. 우리는 시간을 얻는 동시에 우연을 잃었다.

편리함의 실체: 시간의 주인이 바뀌다

우리는 이 변화를 '편리함'이라는 한 단어로 설명한다. 하지만 그 편리함의 실체를 들여다보면 다른 것이 보인다. 장을 보기로 결심했다면 언제 갈지, 무엇을 살지, 어떤 경로로 갈지를 내가 결정한다. 장을 보러 갈까, 말까. 오늘 갈까, 내일 갈까. 큰 마트로 갈까, 작은 슈퍼로 갈까. 모든 결정이 내 손에 있다. 마트 진열대를 거닐며 예상치 못한 물건을 발견하는 작은 우연도 내 몫이다. 주도권은 나에게 있다.

"오후 2시에서 4시 사이에 배송됩니다."

배송 시스템 안에서는 어떤가? 이 메시지를 받는 순간, 나의 오후는 더 이상 온전히 내 것이 아니다. 나의 오후 시간은 배송기사의 동선과 시스템의 스케줄에 맞춰진다. 나는 그 시간 동안 집을 비우는 것이 불안해진다. 약속을 잡기가 꺼려진다. 산책을 갈 수도 없다. 2시부터 4시, 초인종이 울릴 때까지 대기하기도 한다. 급한 외출을 미루거나, 샤워를 하다가도 혹시나 하는 마음에 귀를 기울였던 순간들. 누구나 한 번쯤 경험했을 것이다.

역사학자 유발 하라리(Yuval Harari)는 『호모 데우스』에서 우리가 효율성이라는 이름으로 자신의 선택권을 조금씩 시스템에 양도하고 있다고 말했다. 한쪽에서 나는 시간을 절약했다. 마트 왕복 20분, 장보기 30분, 총 50분이 사라졌다. 다른 쪽에서 나는 주권을 내주었다. 언제 받을지, 무엇을 추천받을지, 어떤 순서로 볼지. 선택의 설계권이 시스템으로 넘어갔다. 문제는 우리가 이 거래를 의식하지 못한다는 것이다. 우리는 시간을 얻었다고 생각하지만, 동시에 시간을 사용하는 방식에 대한 선택권 일부를 시스템과 공유하게 되었을지도 모른다.

시스템의 엔드포인트가 된 집

현대의 집은 물류 네트워크의 가장 끝단에 위치한 '엔드포인트(End-point)'이자 하나의 '노드(Node)'가 되었다. 거실, 주방, 침실이라는 공간은 그대로지만 그 안을 채우는 기능은 매 순간 바뀐다. 줌을 켜면 회의실이 되고, 넷플릭스를 틀면 극장이 되며, 쇼핑앱을 열면 마트가 된다. 우리는 집이라는 물리적 공간에 머물고 있지만, 실제로는 거대한 플랫폼 네트워크의 한 지점에서 세상을 경험하고 있다. 현관문은 여전히 안과 밖을 가르는 경계선이다. 하지만 그 문을 넘어 밖으로 나가야 할 이유는 예전보다 줄어들고 있다. 오히려 세상이 그 문을 넘어 안으로 들어온다.

이것은 거래다

절약된 시간. 제거된 불편. 확장된 선택. 그 대가로 우리는 우연한 만남, 계절의 감각, 예측 불가능성을 내주었다. 이것은 편리함인가, 아니면 퇴화인가? 아니다. 이것은 거래다.

당신은 지금 효율적으로 연결되고 있는 것이다. 어떤 이는 이 변화를 해방으로 받아들이고, 어떤 이는 상실로 느낀다. 어떤 이는 둘 다 느낀다. 정답은 없다. 중요한 것은 이 거래의 양면을 모두 인식하는 것이다. 이 양면을 동시에 보는 것, 그것이 이 전환기를 살아가는 우리의 자세다. 많은 사람들이 이 모든 것을 코로나19 때문이라고 말한다. 맞다. 코로나는 방아쇠였다. 하지만 총알은 이미 오래전에 장전되어 있었다.

2

코로나는
업데이트 파일이었다

"길어야 한 달이면 지나갈 해프닝이라 믿었다."

2020년 2월 말, 나는 사무실 책상 서랍 깊숙한 곳에 낯선 물건 하나를 넣어 두었다. 얇고 하얀 마스크 한 장. "혹시 모르니까." 동료들과 멋쩍게 웃으며 말했고, 그때까지만 해도 이것이 불과 2주, 길어야 한 달이면 지나갈 해프닝이라 믿었다. 누구도 이 작은 사건이 인류의 생활 방식을 송두리째 바꿀 거대한 전환의 서막이 되리라고는 상상하지 못했다.

3월이 되어 재택근무 지시가 내려왔을 때도 마찬가지였다. 나는 책상 위에 마시다 만 커피잔을, 읽다만 서류를, 키우던 작은 화분을 그대로 둔 채 사무실을 나섰다. "다음 주면 다시 돌아와 마저 처리하겠지." 발걸음은 무겁지 않았다. 짧은 휴가처럼, 잠시의 일탈처럼 느껴졌을 뿐이다. 그러나 그 '다음 주'는 영영 오지 않았

팬데믹으로 비어버린 사무실. 일의 공간은 물리적 장소에서
디지털 플랫폼으로 이동했다. 사진=AI 생성 이미지

다. 3월은 4월로, 여름은 다시 가을로 속절없이 흘러갔다. 어느 날 문득, 창밖을 보며 깨달았다. 우리는 아마도, 다시는 예전으로 돌아가지 못할 것이라는 서늘한 사실을.

재난의 가면을 쓴 거대한 실험

많은 이들이 코로나19를 인류의 재앙이자 거대한 비극으로 기억한다. 수백만의 생명이 스러졌고, 전 세계의 경제가 멈췄으니

틀린 말은 아니다. 하지만 조금 다른 각도에서 바라보면, 코로나
는 질병 이상의 무언가였다. 그것은 인류 역사상 처음으로 전 세
계 모든 사람을 대상으로, 각자의 의사와는 아무런 상관없이 새로
운 생활 방식을 강제로 경험하게 만든 거대한 사회적 실험이었다.

　선택의 여지는 없었다. 2020년 3월, 전 세계의 학교와 회사, 상
점의 셔터가 일제히 내려간 순간, 우리는 모두 같은 실험에 참여
하게 되었다. 마치 컴퓨터 운영체제를 업데이트하듯, 우리의 삶에
새로운 파일이 설치되기 시작했다. 강제적 업데이트, 거부할 수
없는 설치. 그것이 코로나의 또 다른 얼굴이었다.

새로운 발명은 없었다, 다만 재배치되었을 뿐

　흥미롭게도 코로나는 완전히 새로운 무언가를 창출하지는 않
았다. 이미 존재하던 변화의 흐름을 가속했을뿐이다. 팬데믹 기간
동안 우리 삶의 중심으로 떠오른 기술과 서비스들은 대부분 이미
우리 곁에 존재하고 있었다. 2011년에 등장한 화상회의 서비스
줌은 해외 출장 같은 특별한 상황을 위한 '대안'이었고, 2010년에
서비스를 시작한 배달의민족이나 쿠팡은 가끔 요리하기 귀찮을
때 쓰는 '선택'의 영역에 있었다. 2015년 마켓컬리(현 컬리)가 선
보인 새벽배송은 일부 소비자를 위한 '프리미엄 서비스'로 인식되
었으며, 원격 진료나 온라인 수업은 기술적으로는 가능했으나 제
도적, 문화적 장벽에 막혀 있던 '예외'에 불과했다.

코로나19 이전과 이후, 주요 서비스의 위상 변화

기술/서비스	등장 시기	코로나 이전의 위상	코로나 이후의 위상
줌 (Zoom)	2011년	해외 출장 등 특별한 상황을 위한 '대안'	재택근무와 원격회의에서 일상적 선택지
쿠팡/ 배달의민족	2010년	마트가기, 요리하기 귀찮을 때 쓰는 '선택'	쇼핑 채널 중 하나로 비중 급증 (온라인 300조 원)
컬리/쿠팡 (새벽배송)	2015년	일부 소비자를 위한 '프리미엄 서비스'	시장 규모 15조 원으로 성장, 선택지 확대
원격 진료 / 온라인 수업	2010년대	기술적으로는 가능했으나 제도적, 문화적으로 비활성화된 '예외'	수업은 등교로 복귀, 진료는 법적 제약 여전

2019년까지만 해도 이것들은 모두 우리 삶의 변방에 머물러 있었다. 재택근무는 특별한 사정이 있는 동료의 몫이었고, 화상회의는 해외 출장을 가지 못할 때나 쓰는 차선책이었다. 배달 음식은 주말 저녁의 별식이었고, 온라인 쇼핑은 바빠서 마트나 백화점에 갈 시간이 없을 때의 편의 수단이었다. 우리는 그것들을 필요할 때 가끔 쓰는 편리한 도구로 여겼을 뿐, 언젠가 '정상'으로 돌아가면 다시 예전의 방식으로 살아갈 것이라 굳게 믿었다.

코로나는 새로운 기술을 발명하지 않았다. 그저 이미 존재하던 시스템들을 창고 깊숙한 곳에서 꺼내 우리 삶의 무대 전면에 재배치했을 뿐이다. 이러한 재배치는 모든 것의 의미를 바꾸어 놓았

다. 주변부에 있던 예외적인 선택지들이, 어느새 우리 삶의 중심
을 차지하는 기본값으로 격상된 것이다.

쇼핑과 만남의 패턴이 변화하다

어느 순간, 무언가 근본적으로 바뀌었다는 것을 감지했다. 우리
삶을 지탱하던 '기본값(Default)'이 흔들리기 시작한 것이다. 코로
나 이전인 2019년, 일의 기본값은 명백히 사무실 출근이었고 재택
근무는 예외적인 상황에서만 허용되었다. 하지만 팬데믹을 거치며
재택근무의 비중이 크게 늘었다. 여전히 출퇴근을 우선시하는 기
업이 많지만, 일부 기업에서는 원격근무를 적극 도입하기도 했다.

쇼핑의 영역에서는 변화가 뚜렷했다. 주말 대형마트 장보기가
일상이었던 과거와 달리, 온라인 쇼핑 비중이 급격히 늘어났다.
2025년 온라인 쇼핑 거래액은 300조 원을 돌파했으며, 이는 10년
전의 약 8배에 달하는 수치다. 그러나 오프라인 매장이 사라진 것
은 아니다. 즉시성이 필요한 구매, 직접 확인이 필요한 상품, 쇼핑
자체를 경험으로 즐기려는 수요는 여전히 오프라인으로 향한다.
만남의 방식에서도 변화가 일어났다. 화상회의와 메신저 소통이
일상에 자리 잡았지만, 중요한 협상이나 깊이 있는 대화는 여전히
대면을 선호하는 경향이 강하다. 교실에서 이루어지던 수업은 팬
데믹 기간 온라인으로 전환되었으나, 현재는 대부분 등교 수업으
로 복귀했다. 병원 방문이 원칙이었던 진료 영역에서는 비대면 진

료에 대한 요구가 급증했으나, 법적 제약은 여전히 남아있다.

이러한 변화가 모든 영역에서 일어난 것은 아니다. 하지만 쇼핑과 만남을 중심으로 생활 패턴이 변화하면서, 그 파급력은 다른 영역으로도 확산되고 있다.

코로나 19 전후, 생활의 '기본값' 변화

영역	코로나 이전	코로나 이후
업무	사무실 출근	재택근무 경험, 일부 기업 유지
쇼핑	주말 대형마트	온라인 쇼핑 급증 (300조 원, 오프라인 병행)
만남	직접 만나서 대화	화상회의 일상화, 중요한 만남은 대면 선호
식사	외식 또는 직접 조리	배달 시장 26조 원, 외식의 35% 차지
진료	병원 방문	비대면 진료 요구 증가, 법적 제약 여전
교육	학교/학원 등교	온라인 수업 경험 후 등교로 복귀

인프라의 이전: 건물에서 플랫폼으로

곰곰이 생각해보면 우리 삶의 기반, 즉 인프라 자체가 이동했다는 것을 알 수 있다. 과거 우리 삶의 기반은 도로, 건물, 광장과 같은 '물리적 공간'이었다. 우리는 목적지를 향해 이동했고, 그곳에서 일하고 거래하고 만났다. 우리 삶은 콘크리트로 만들어진 인프라 위에 세워져 있었다.

지금은 어떤가? 우리는 앱을 열고, 알고리즘의 추천을 받으며, 플랫폼 안에서 대부분의 일을 처리한다. 인프라가 물리적 공간에서 디지털 공간으로, 건물에서 플랫폼으로 옮겨갔다. 인프라가 바뀌면 모든 것이 변한다. 과거에는 건물주와 부동산 소유자가 공간을 제공하고 규칙을 정했다면, 이제는 플랫폼 운영자가 서비스를 제공하고 규칙을 정한다. 과거에는 상점이 문을 닫으면 물건을 살 수 없었지만, 이제는 플랫폼이 다운되면 물건을 살 수 없다. 2022년 10월, 데이터센터 화재로 카카오톡의 서비스 대부분이 멈췄을 때, 우리는 단순한 앱 오류가 아니라 일상의 모든 연결이 끊어지는 듯한 무력감을 경험했다. 이 사건은 우리가 누구에게 의존하는지, 누가 우리 삶의 규칙을 정하는지가 근본적으로 달라졌음을 명백히 보여주었다.

해방의 시간, 그리고 흐려진 경계

출퇴근 지옥에서 해방되고, 비 오는 날 억지로 외출하지 않아도 되며, 원하는 모든 것이 문 앞에 도착한다. 이 변화는 분명 많은 이들에게 '해방'처럼 느껴졌다. 실제로도 해방이었다. 낭비되던 시간이 사라졌고, 불필요한 에너지 소모가 줄었으며, 물리적 제약에서 자유로워졌다. 출퇴근에 쓰던 왕복 2시간을 가족과의 시간으로 되찾았다는 이야기는 더 이상 특별하지 않다.

가끔, 아주 가끔 이런 생각이 스친다. 사무실에서 일할 때는 건물을 나서는 순간 일과 삶이 명확히 분리되었다. 엘리베이터를 타고 1층으로 내려가는 행위는 '업무 모드'를 끄는 스위치와 같았다. 물리적 경계가 심리적 경계를 만들어주었던 것이다. 집에서 일하게 되면서 쉼터와 일터의 경계가 안개처럼 흐려졌다. 거실 책상에서 일하고, 침실 침대에서 이메일을 확인하며, 주방에서 화상 회의를 한다. 업무용 메신저 알림은 밤 10시에도, 주말 아침에도 울린다. 일과 삶의 경계는 어디에 있는가. 거실인가, 침실인가. 아니면 이미 경계 자체가 사라져 버린 것인가.

마트에 갈 때는 진열대를 걸으며 직접 물건을 골랐다. 손으로 만져보고, 향기를 맡고, 무게를 느끼며 예상치 못한 상품을 발견하는 작은 즐거움이 있었다. 하지만 이제는 알고리즘이 추천하는 목록을 스크롤한다. 우리는 정말 '선택'하는 것일까, 아니면 시스템이 보여주는 것을 그저 '확인'하는 것일까. 명확한 답은 없다. 다만 무언가 달라졌다는, 중요한 무언가를 잃어버린 것 같다는 막연한 느낌만 있을 뿐이다.

물론 모든 사람이 이런 변화를 똑같이 경험하는 것은 아니다. 여전히 사무실 출근이 필수인 직종도 많고, 대면 접촉이 중요한

업무도 많다. 하지만 선택지가 생겼다는 것, 그 자체가 의미 있는
변화다.

업데이트된 세상, 돌아갈 수 없는 길

2026년 현재, 우리는 마스크를 벗었다. 하지만 코로나 시기 이
전으로 완전히 돌아가지 않았다. 많은 이들이 여전히 집에서 보
내는 시간이 늘었고, 배송에 의존하는 비중도 높아졌다. 한번 경
험한 편리함을 포기하기란 이토록 어렵다. 우리의 근육이, 우리의
뇌가, 우리의 습관이 이미 새로운 운영체제에 완벽하게 적응해버
렸기 때문이다.

재택근무를 해본 사람은 안다. 매일 아침저녁으로 겪었던 출퇴
근 시간이 얼마나 거대한 낭비였는지를. 새벽배송을 받아본 사람
은 안다. 마트에서 무거운 짐을 들고 오는것이 얼마나 비효율적
인지를. 화상회의를 해본 사람은 안다. 회의실까지 이동하는 것이
얼마나 번거로운지를.

입으로는 '코로나 이전으로 돌아가고 싶다'고 말하지만, 실제로
배송의 편리함을, 재택근무의 효율을, 온라인 쇼핑의 접근성을 포
기할 수 있을까? 우리는 이미 '업데이트된 세상'에 살고 있다. 이
새로운 세상에서 물류는 더 이상 산업의 한 분야가 아니라, 우리
삶을 작동시키는 가장 근본적인 운영체제(OS)가 되었다. 2021년

10월, 한 통신사 네트워크의 라우팅 오류로 전국 인터넷망이 89분간 멈췄을 때를 기억해 보자. 몇 시간 동안 인터넷과 모바일 네트워크가 마비되자 우리는 놀라울 정도로 무력해졌다. 재택근무를 할 수 없었고, 배달을 주문할 수 없었으며, 온라인 쇼핑도, 결제도 불가능했다. 집은 그대로였지만, 집이 제공하던 모든 기능이 한순간에 증발했다. 이 사건은 물류와 통신 인프라가 우리 삶의 전제 조건이 되었음을 극명하게 보여주었다.

외출은 언제부터 '선택'이 되었을까? 배송은 어떻게 '기본값'이 되었을까? 이 거대한 변화의 소용돌이 속에서 우리는 무엇을 얻고, 무엇을 놓치고 있을까?

코로나는 그저 방아쇠였을 뿐이다. 총알은 이미 오래전에 장전되어 있었다. 우리는 그것을 몰랐을 뿐이다. 아니, 어쩌면 알고 싶지 않았을지도 모른다.

3

외출은 선택이 되었고, 배송은 기본값이 되었다

"오늘도 신발은 신발장에 있었다."

최근 한 달간 나의 삶을 복기해 보았다. 사무실로 출근한 날은 단 7일. 마트나 은행, 병원, 서점을 직접 방문한 횟수는 2회. 반면

외출의 이유가 줄어들면서, 신발은 점점 더 오래 신발장에 머문다.
사진=A I생성 이미지

스마트폰 앱에 기록된 배송 완료 횟수는 37회. 나는 한 달의 대부분을 물리적으로 정지된 상태로 보냈지만, 삶에 필요한 모든 것은 쉼 없이 문 앞으로 달려왔다.

내가 이동하지 않는 대신, 세상이 나를 향해 이동해 온 것이다. 이것은 더 이상 특별한 경우가 아니다. 사람은 덜 움직이고, 물건은 더 많이 움직이는 시대. 우리 삶을 지탱하던 기본값(Default)이 소리 없이 전복되었다

동선의 외주화: 나의 몸 대신 상품이 움직인다

과거의 우리는 무언가를 얻기 위해 몸을 움직여야 했다. 식료품을 사려면 마트로, 스마트폰을 사려면 통신사 대리점으로, 서류를 내려면 구청이나 관공서로, 책을 사려면 서점으로 향했다. 도시학자 에드워드 글레이저(Edward Glaeser)가 그의 저서 『도시의 승리』에서 역설했듯, 인류는 더 나은 기회와 물자를 얻기 위해 끊임없이 도시라는 밀도 높은 공간 안에서 이동하며 번영해왔다. 외출은 삶의 전제조건이었고, 밖에 나가지 않으면 살아갈 수 없었다. 우리의 동선은 곧 생존의 궤적이었다.

현재의 우리는 이 '이동'의 수고를 시스템에 외주화했다. 과거에는 나의 몸이 움직여 나의 시간을 썼다. 마트까지 왕복 30분, 은행까지 40분, 우체국까지 20분. 이 시간 동안 나는 걸었고, 버스를

탔으며, 날씨를 느끼고, 사람들을 지나쳤다. 시간이 들었지만, 그 시간의 주인은 분명 나였다. 이제는 상품이 움직여 시스템의 시간을 쓴다. 우리가 이동에 쓰던 모든 시간이 사라졌고, 우리는 그 대가로 편리함을 얻었다. 과거의 구조가 '필요 발생 → 외출 준비 → 이동 → 구매 → 귀가'의 능동적 과정이었다면, 현재의 구조는 '필요 발생 → 앱 실행 → 클릭 → 배송 대기'라는 수동적 절차로 바뀌고 있다.

오프라인 구조 (전통적, 여전히 존재):
필요 발생 → 외출 준비 → 이동 → 구매 → 귀가
온라인 구조 (급증, 비중 확대):
필요 발생 → 앱 실행 → 클릭 → 배송 대기
※ 두 구조가 병행하며, 온라인 비중이 빠르게 증가 중

이 거래에는 더 교묘한 조건이 붙는다. 배달앱을 켜고 주문을 마치자 '30분 뒤 도착 예정'이라는 메시지와 함께 지도가 나타난다. 스마트폰 화면에는 우리 집을 향해 달려오는 오토바이 아이콘이 실시간으로 표시된다. 그 30분은 더 이상 온전히 내 것이 아니다. 나는 샤워를 시작할 수도, 중요한 통화에 집중할 수도 없다. 나도 모르게 3분마다 앱을 새로고침하며 라이더의 위치를 확인한다. 그것은 보이지 않는 '디지털 목줄'과 같다. 몸은 자유롭지만, 정신은 배송이 완료될 때까지 앱에 묶여 있다. 이동의 수고를 덜

어낸 대신, 우리는 더 짧고 강렬한 형태의 시간 구속을 얻었다. 우리는 시간을 절약했다고 생각하지만, 동시에 시간을 사용하는 방식에 대한 선택권 일부를 시스템과 공유하게 되었다.

사라져가는 우연들: 세렌디피티의 소멸

배송이 기본값이 되면서 달라진 것은 또 있다. 바로 우리 삶에서 '우연'이 사라지고 있다는 점이다. 마트 진열대를 걷다 계획에 없던 세일 상품이나 제철 과일을 발견하는 순간, 길가에서 우연히 이웃과 마주쳐 나누는 짧은 인사, 버스에서 옆자리 사람이 읽는 책 제목을 힐끗 보는 순간. 이런 예측 불가능한 우연들이 우리 삶을 풍요롭게 만들었다. 심리학자들은 이처럼 찾지 않던 것을 우연히 발견하는 기쁨을 '세렌디피티(Serendipity)'라고 부른다. 이것은 단순한 즐거움을 넘어, 인간의 창의성과 사회적 연결을 만들어내는 중요한 경험이다.

과거에는 동네 서점을 찾아가 책장을 둘러보다 우연히 낯선 제목의 책을 발견하고 첫 페이지를 넘겨보곤 했다. 찾던 것이 아니었지만, 필요했던 것을 발견하는 순간. 이것이 바로 우연한 발견이었다. 지금은 어떨까? 침대에 누워 스마트폰으로 책 쇼핑을 위해 앱을 연다. 스크롤, 터치, 주문. 알고리즘이 미리 골라놓은 목록, "고객님이 좋아할 만한 책"에서 선택하고, 내일 도착할 예측된 결과를 기다린다. 우리는 발견하는 사람에서 어느새 예측된 결과를 확인하는 사람이 되었다.

사회학자 레이 올든버그(Ray Oldenburg)는 『제3의 장소』에서
집(제1의 장소)도 아니고 직장(제2의 장소)도 아닌 제3의 공간의
중요성을 강조했다. 카페, 서점, 공원, 동네 술집 같은 곳들이다.
그는 이런 공간들이 약속 없는 만남과 비공식적 대화를 통해 사회
적 유대를 만들어낸다고 설명했다. 의미 없어 보이지만, 이런 순
간들이 공동체를 만든다. 우리는 이제 제1의 장소(집)에서 제2의
장소(일)까지 해결한다. 제3의 장소로 갈 이유가 점점 사라졌다.
우연히 마주칠 공간 자체가 우리 삶에서 지워지고 있다. 동네 서
점은 문을 닫았고, 카페는 포장이나 배달 주문만 받으며, 공원은
그저 지나가는 곳이 되었다. 우리는 더 이상 집 이외의 공간에서
머물지 않는다.

주객전도: 플랫폼에 맞춰 사는 삶

배송 시스템은 우리에게 편리함을 주었지만, 그 편리함에 익숙
해질수록 우리는 시스템의 논리에 맞춰 우리의 삶을 재구성하기
시작했다. 주객전도가 일어난 것이다. 플랫폼이 우리에게 맞추는
것이 아니라, 우리가 플랫폼에 맞춰 살게 되었다. 이 현상은 일상
의 아주 사소한 결정들 속에서 명확하게 드러난다.

가장 대표적인 것이 '최소주문금액'과 '무료배송'의 덫이다. 저

녁 식사로 1만 5천 원짜리 샐러드를 주문하려던 당신은 '최소주
문금액 1만 8천 원'이라는 문구를 발견한다. 3천 원이 부족하다.
과거라면 다른 가게를 찾았겠지만, 이제 당신의 고민은 달라진다.
"3천 원을 채우기 위해 무엇을 더 담을까?" 당신은 필요하지도 않
았던 사이드 메뉴나 음료를 장바구니에 추가한다. 결국 당신은 1
만 5천 원짜리 식사를 위해 1만 9천 원을 지출한다. 배송을 받기
위해 불필요한 소비를 한 것이다. 식재료를 주문할 때도 마찬가지
다. "2,000원만 더 담으면 무료배송"이라는 알림은 우리의 합리
적 판단을 마비시킨다. 우리는 3,000원의 배송비를 아끼기 위해
5,000원짜리 냉동식품을 추가로 구매하는 역설적인 선택을 한다.

더 나아가, 우리는 이제 무엇을 먹을지조차 배송 가능 여부에
따라 결정한다. "오늘 저녁은 생선구이가 먹고 싶은데, 배달되는
맛집이 없네. 그럼 배달되는 찜닭으로 할까?" 이것은 나의 욕망이
아니다. 플랫폼의 공급 가능성이 나의 식단을 결정하는 것이다.
우리는 점점 더 배송 가능 여부를 고려하여 식재료를 선택하고,
배달 가능한 음식 중에서 식사를 결정하게 된다. 우리의 선택지는
플랫폼이 허락한 범위 안으로 좁혀진다. 우리는 플랫폼을 이용한
다고 생각하지만, 실제로는 플랫폼의 규칙에 따라 우리의 삶을 설
계하고 있을지 모른다. 최소 배송비를 맞추기 위한 고민은 어쩌면
장바구니에 무엇을 담을지에 대한 고민보다 더 빈번하게 일어나
는 우리 시대의 새로운 정신적 노동이 되었다.

숙고할 시간의 변화: 빠른 결정이 익숙해진 시대

우리의 시간 감각도 달라졌다. 과거에는 마트에 가고, 진열대를 둘러보고, 가격을 비교하고, 줄을 서는 물리적 대기 시간이 있었다. 그 시간 동안 우리는 생각했다. "정말로 이것이 필요한가? 다른 선택은 없는가? 이게 최선인가?" 이 물리적 대기 시간이 자연스럽게 숙고의 시간을 만들어주었다. 마트에서 장바구니를 들고 고민하다 "이거 정말 필요할까?"라는 질문 끝에 물건을 다시 제자리에 놓기도 했다. 집에 와서 "역시 필요했네"라고 후회하며 다음 주에 다시 사는 재계획의 과정을 거쳤다. 구매에 대한 숙고와 후회, 그리고 재계획이 소비의 일부였다.

이제는 결제를 위한 대기 시간이 사라졌다. 클릭하면 내일 도착하고, 퀵커머스를 쓰면 30분 안에 온다. 생각할 시간이 없다. 아니, 생각할 필요가 없다고 느껴진다. 효율은 올라갔지만, 그만큼 깊게 고민하고 천천히 선택하는 습관은 약해졌다. 앱에서 장바구니에 물건을 담으면 "이거 정말 필요할까?"라는 고민을 할 틈도 없이 눈에 들어오는 '주문하기' 버튼을 누른다. 내일 도착할 물건을 보며 구매 후의 후회를 한다. "이거 왜 샀지?" 우리는 '빠른 결정'에 익숙해졌고, '느린 사유'는 낭비처럼 느껴지기 시작했다.

도시에 살지만 도시를 경험하지 않는 사람들

배송 중심의 삶은 우리의 공간 감각마저 바꾸어 놓았다. 과거에는 식당, 은행, 우체국, 서점을 찾아가며 도시의 지도를 머릿속에 그렸다. 자주 가는 카페의 위치, 단골 서점이 있는 골목, 저녁에 산책하기 좋은 공원. 우리는 발로 걸으며 동네를 알아갔다. 길을 잃기도 했고, 새로운 골목을 발견하기도 했으며, 예상치 못한 가게를 만나기도 했다. 도시를 '경험'했다.

이제 우리는 도시에 살지만 도시를 경험할 필요가 없다. 은행 업무는 앱으로, 옷은 택배로, 식료품은 새벽배송으로, 아이스 아메리카노는 배달로 해결된다. 우리 동네 마트가 어느 모퉁이에 있는지, 우리 동네 서점이 몇 시에 문을 닫는지 몰라도 살아가는 데 아무런 지장이 없다. 세상이 그렇게 설계되었기 때문이다. 음식 배달 시장의 규모는 이를 증명한다. 국가데이터처에 따르면 2024년 온라인 음식 서비스 시장 규모는 35조 원을 넘어섰으며, 2025년에는 40조 원에 근접한 것으로 전망된다. 코로나19 팬데믹 시기 폭발적으로 성장했던 시장은 잠시 주춤하는 듯했으나, 플랫폼 간의 '무료 배송' 경쟁이 다시 불붙으며 규모를 유지하고 있다. 이 거대한 생활 물류 네트워크는 우리가 밖에 나가지 않아도 아무런 결핍을 느끼지 못하도록 도시를 하나의 거대한 창고로 덮어버렸다. 가끔 이런 생각이 든다. 우리가 사는 곳은 정말 '도시'일까, 아니면 '배송 가능 지역'일까?

선택에서 확인으로: 설계된 경로 위의 자유

더 근본적인 변화도 있다. 과거에는 내가 직접 나가서 물건을 찾았다. 서점에 가서 책을 하나하나 보고, 마트에서 상품을 직접 골랐다. 선택의 주체는 명확하게 나였다. 하지만 배송 앱을 열면 화면은 이미 채워져 있다. "고객님이 좋아할 만한 상품", "이 상품을 본 고객이 함께 구매한 상품", "지금 인기 있는 상품". 알고리즘이 미리 골라놓은 목록이다. 고민할 필요가 없어 편리하다.

동시에 이런 의문이 든다. 정말 이 물건을 내가 선택하는 것일까, 아니면 추천된 것을 확인하는 것일까? 사회학자들은 이를 '선택 설계(Choice Architecture)'라고 부른다. 선택지를 배열하는 방식이 실제 선택을 결정한다는 것이다. 알고리즘은 우리가 무엇을 먼저 보고, 무엇을 자주 보고, 무엇을 쉽게 클릭하게 될지 설계한다. 앱을 열면 첫 화면에 뜨는 상품들, "오늘의 추천"이라는 이름으로 정렬된 목록, "함께 구매하면 좋은 상품"이라는 알림. 우리는 자유롭게 선택한다고 느끼지만, 사실은 정교하게 설계된 경로를 따라가고 있을 뿐인지도 모른다.

인류는 오랫동안 '발과 바퀴'의 시대를 살았다. 그리고 이제 '클릭과 알고리즘'의 시대로 접어들었다. 이동하는 존재가 배송받는 존재로 바뀌는 이 전환은 이제 막 시작되었을 뿐이다. 편리해졌다. 시간도 절약되고, 에너지도 아낀다. 비 오는 날 밖에 나가지 않아도 되고, 무거운 짐을 들고 오지 않아도 된다. 하지만 동시에 무언가를 잃어가고 있는 것도 사실이다. 우연한 발견의 기쁨, 천천히 고민하는 시간, 발로 걸으며 동네를 알아가는 경험, 직접 선택하는 주체성, 그리고 우연히 마주치는 사람들. 이 양면을 동시에 보는 것, 그것이 이 전환기를 살아가는 우리의 자세여야 한다.

오늘 당신은 몇 번이나 신발을 신었는가? 외출 뒤에는 어떤 '이유'가 있었는가? 10년 전과 비교해 보라. 외출의 이유가 줄어들고 있지 않은가. 줄어든 이유들은 모두 어디로 갔는가.

사라진 게 아니다. 이동했을 뿐이다. 우리의 몸에서 시스템으로.

집은 더 이상
집이 아니다

4.

"하나의 공간, 다섯 개의 기능."

재택근무를 하는 어느 하루를 따라가 본다. 온종일 집 안에 머물렀지만, 마치 여러 개의 서로 다른 장소를 여행한 것처럼 하루를 보낸다. 물리적 공간을 채우는 기능은 접속하는 플랫폼에 따라 시시각각 변했다. 우리는 이제 집이라는 물리적 좌표에 머물고 있지만, 실제로는 여러 개의 다른 공간을 넘나들며 살고 있다.

오전 9시, 거실 책상. 컴퓨터를 켜고 줌 화면을 띄웠다. 동료들의 얼굴이 화면을 채우고 회의가 시작된다. 업무 보고, 프로젝트 진행 상황 공유, 의견 교환. 이 순간, 거실은 사무 공간인 '오피스'가 되었다.

점심시간, 주방 테이블. 초인종이 울리고 배달된 음식을 가져온

 | 호모 딜리버리쿠스, 배송 문명은 어떻게 우리를 바꿨는가

집은 이제 일터, 식당, 영화관, 헬스장의 기능을 모두 수행하는
복합 플랫폼이 되었다. 사진=AI 생성 이미지

다. 주방 테이블에 음식을 놓는 순간, 이곳은 '레스토랑'으로 변모
한다. 주인도, 웨이터도, 다른 손님도 없지만 식사는 시작된다.

오후 3시, 침실. 태블릿을 켜고 유튜브로 요가 영상을 튼다. 매
트를 깔고 화면 속 트레이너의 동작을 따라 한다. 침실은 어느새
운동 공간인 '짐(Gym)'이 되었다.

저녁 7시, 소파. OTT 서비스를 켜고 드라마를 본다. 소파는 좌석이 하나뿐인 '영화관'이다.

밤 11시. 이제야 비로소 이곳은 휴식을 위한 역할을 했던 '집'으로 돌아왔다.

공간의 고유성이 흐려진 시대

불과 한 세대 전만 해도 공간은 기능을 명확히 정의했다. 사무실은 일하는 곳, 상점은 물건을 사는 곳, 학교는 배우는 곳, 극장은 영화를 보는 곳. 집은 이 모든 활동에서 돌아와 휴식과 수면을 취하는 고유한 공간이었다. 각 공간은 뚜렷한 목적을 가졌고, 우리는 그 목적을 수행하기 위해 해당 공간으로 이동했다.

배송 문명과 디지털 네트워크는 이 견고했던 경계들을 허물고, 다양한 기능을 집이라는 단일 공간으로 수렴시켰다. 이제 집은 휴식의 공간을 넘어, 일과 소비, 문화와 교육이 동시에 일어나는 복합적인 장소가 되었다. 공간이 활동을 정의하던 시대에서, 우리가 어떤 플랫폼에 '접속(Access)'하는지가 공간의 성격을 규정하는 시대로 전환된 것이다.

노트북을 열면 거실이 사무실이 되고, 배달 앱을 터치하면 주방이 식당이 된다. 물리적 장소는 같지만, 우리가 접속하는 디지털 인터페이스가 바뀌는 순간, 우리가 경험하는 '공간'의 의미도 달라진다.

해방과 포로: 경계 없는 삶의 명암

이러한 변화는 많은 이들에게 '해방'으로 다가왔다. 거동이 불편한 사람, 육아 중인 부모, 시간에 쫓기는 직장인에게 집에서 많은 것을 해결할 수 있다는 것은 물리적 제약으로부터의 자유를 의미한다. 사무실에 가지 않아도 일할 수 있고, 극장에 가지 않아도 영화를 볼 수 있으며, 헬스장에 가지 않아도 운동할 수 있다. 이것은 분명한 진보의 한 단면이다.

하지만 그 해방의 이면에는 새로운 형태의 구속이 존재한다. 저녁 9시, 업무용 메신저 알림이 울린다. "잠깐만 확인하자"며 다시 노트북을 연다. 주말 아침, 침대에서 이메일을 확인하는 것이 어느새 자연스러워졌다. 과거에는 사무실을 나서는 행위가 일과 삶을 구분하는 신호로 작용했다. 오전 9시, 사무실 문을 열며 '업무 모드'를 켰고, 오후 6시, 건물 밖으로 나오며 '업무 모드'를 껐다. 물리적 경계가 심리적 경계를 만들어준 것이다.

지금은 어떤가. 아침 8시, 거실 책상에 앉아 노트북을 켜고, 저녁 7시에 노트북을 닫고 소파로 이동한다. 하지만 메신저 알림은 여전히 울리고, 이메일은 계속 도착한다. 물리적으로는 집에 있지만, 정신적으로는 언제나 '대기' 상태에 가깝다. 일에서 완전히 벗어날 수 있는 순간이 줄어든다. 사무실이라는 물리적 경계가 사라지면서, 동시에 '퇴근'이라는 심리적 해방감도 함께 희미해졌다. 집이 모든 것이 되면서, 일과 휴식의 경계가 무너진 것이다. 우리는 해방되었는가, 아니면 새로운 형태의 포로가 되었는가. 양쪽 다 진실의 일부를 담고 있다.

역세권에서 배세권으로: 주거 가치의 재편

공간의 성격이 변하면서 우리가 집을 선택하는 기준도 바뀌고 있다. 2010년대에 집을 구할 때 가장 중요한 질문 중 하나는 "지하철역에서 몇 분 거리인가요?"였다. 직장까지의 출퇴근 시간, 즉 '교통 접근성'이 집값을 결정하는 핵심 기준이었고, 부동산 시장에서 '역세권'은 중요한 프리미엄이었다.

2020년대, 재택근무가 확산되고 배송이 외출을 대체하면서 질문은 달라졌다. "여기 새벽배송 되나요?" "○마트 주문하면 도착까지 몇 분 걸리나요?" "배달 맛집 많나요?" 물리적 이동의 중요성이 줄어들면서, 역까지의 거리는 일부 재택근무자에게는 예전만큼 결정적이지 않게 되었다. 그 빈자리를 채운 것이 바로 '배송 접근성'이다. 부동산업계에서는 이미 '배세권'이라는 신조어가 등장했다. 역세권보다 새벽배송과 맛집 배달이 원활한 지역을 의미한다. 사람이 이동하는 것보다 물건이 이동해 오는 것을 더 중요하게 여기기 시작한 것이다.

집의 가치 평가에서 '어디에 있는가'만큼이나 '무엇이 얼마나 빨리 도달하는가'가 중요해지기 시작했다. 지하철역 5분 거리보다, 새벽배송 가능 지역이 더 높은 가치를 인정받는 현상은 2026년 부동산 시장의 현실 중 하나다. 이것은 단순히 주거 트렌드의 변화가 아니라, 우리 사회가 가치를 두는 기준이 물리적 이동성에서 디지털 연결성으로 이동했음을 보여주는 상징적인 현상이다.

연결의 역설: 편리함 뒤에 숨은 취약성

집이 생활 서비스의 종착역이 되었다는 것은, 다른 한편으로 시스템에 대한 의존도가 매우 높아졌음을 의미한다. 과거의 집은 비교적 독립적인 공간이었다. 인터넷이 끊겨도, 택배가 오지 않아도 주거 기능을 수행하는 데 큰 지장은 없었다. 집은 자립적 공간에 가까웠다.

플랫폼화된 집은 다르다. 와이파이가 멈추면 일터가 사라진다. 배송 앱이 작동하지 않으면 식탁을 채울 수 없다. 스마트폰이라는 리모컨이 작동하지 않는 순간, '생활 플랫폼'으로서의 집은 순식간에 기능을 잃은 폐쇄된 상자로 전락할 수 있다. 인터넷망이 멈췄을 때를 기억해 보자. 재택근무를 할 수 없었고, 배달을 주문할 수 없었으며, 온라인 쇼핑도, 결제도 불가능했다. 집은 그대로지만, 집이 제공하던 많은 기능이 한순간에 증발했다.

우리는 집 안에서 상당한 자유와 편리함을 누린다고 느끼지만, 사실은 거대한 인프라에 깊숙이 연결되었다. 연결이 끊어지는 순간, 일상의 많은 기능이 제한되거나 마비될 수 있다. 이것이 바로 '연결의 역설'이다. 더 많이 연결될수록, 연결이 끊어졌을 때의 충격과 마비는 더 커진다. 우리는 편리함을 얻는 대가로 시스템의 사소한 오류에도 전체가 흔들릴 수 있는 구조적 취약성을 떠안게 된 것이다.

당신에게 집은 여전히 휴식의 공간인가, 아니면 세상의 모든 것이 모여드는 터미널인가? 당신은 집에서 쉬고 있는가, 아니면 대기하고 있는가? 현관문을 닫는 순간, 당신은 세상과 단절되는가? 아니면 더 깊이 연결되는가? 답은 당신만이 알 것이다.

우리가 잃어버린 것은
시간이 아니라 주권이었다

5.

"밖에 있을때보다 집에 있을때 더 바빴다."

재택근무를 할 때는 하루 두 시간의 출퇴근 시간을 절약했다. 마트 방문을 배송으로 대체하며 한 시간을 아꼈다. 우리는 이동하

이동하는 존재에서 정지된 존재로, 인류의 정체성이 바뀌고 있다.

지 않으면서 엄청난 시간을 벌었다고 생각했다. 한 달이면 수십 시간, 일 년이면 수백 시간. 그런데 이상하다. 시간을 이렇게 많이 절약했는데, 왜 우리는 더 바쁘다고 느끼는가? 그 많던 시간은 모두 어디로 갔을까?

답은 간단하다. 우리가 절약한 시간이 온전히 우리의 것이 되지 못하는 경우가 많다. 그 시간의 상당 부분이 시스템의 요구와 스크린 속으로 흡수되곤 한다. 출퇴근 시간이 사라지자 아침 9시에 시작하던 회의는 8시 30분으로 당겨졌다. 퇴근 후 이동 시간이 없어지자 저녁 9시에 울리는 업무용 메신저 알림이 자연스러워졌다. 이동 시간을 없앴지만, 절약한 시간은 우리가 자유롭게 쓸 수 있는 여가 시간이 되지 못했다. 시스템이 더 많은 과업을 그 빈 시간에 채워 넣었기 때문이다. 이것은 단순한 생활의 변화가 아니라, 인류 문명의 운영체제(OS)가 바뀌고 있음을 보여주는 거대한 전환의 증거다.

호모 모빌리스(Homo Mobilis)의 퇴장

인류는 본래 '이동하는 존재'였다. 수렵채집 시대부터 인간은 생존을 위해 끊임없이 움직여야 했다. 먹이를 찾아, 계절을 따라, 더 나은 땅을 찾아 이동했다. 이동은 곧 생존이었다. 농업혁명 이후에도 마찬가지였다. 농부는 밭으로, 장인은 작업장으로, 상인은 시장으로 이동했다. 일을 하려면 그곳으로 가야만 했다.

산업혁명은 이동의 규모를 키웠다. 사람들은 공장으로 출근하고, 사무실로 출근하며, 더 나은 기회를 찾아 도시로 이주했다. 하버드대 경제학자 에드워드 글레이저가 그의 저서 『도시의 승리』에서 강조했듯, 문명의 발전은 이동을 통한 접촉과 밀도의 증가였다. 이동은 곧 살아있음의 증거였고, 경제활동의 핵심이었다.

21세기의 물류 혁명은 인간에게서 '이동의 의무'를 덜어냈다. 과거에는 장소(Space)가 활동(Activity)을 정의했다. 일은 사무실에서, 쇼핑은 상점에서, 학습은 학교에서 가능했다. 그렇기에 우리가 그곳으로 찾아가야 했다. 이제는 서비스를 요청하면 디지털 신호가 되어 우리를 찾아온다. 일은 줌으로, 쇼핑은 앱으로, 학습은 유튜브로. 직접 가지 않아도 된다. 우리 중 많은 이들이 이동하며 세상을 탐험하는 '호모 모빌리스'에서, 집에 머물며 세상을 받아보는 시간이 늘어나는 존재로 변화하고 있다. 배송을 당연하게 여기는 세대, '배송 네이티브'의 등장이다.

배송 대기라는 새로운 구속

이동은 사라졌지만, 새로운 형태의 시간 구속이 생겼다. 바로 '배송 대기'다. "오후 2시에서 4시 사이에 배송됩니다." 이 메시지를 받는 순간, 그 두 시간은 더 이상 온전히 내 것이 아니다. 집을 비울 수 없다. 중요한 약속을 잡기도 애매하다. 샤워를 하다가도 초인종 소리에 귀를 기울여야 한다. 나는 그저 대기한다. 초인종이 울릴 때까지.

　과거에는 내가 시간을 정했다. "오전 10시에 마트에 가야지." 모든 결정과 행동의 주체는 나였다. 하지만 지금은 시스템이 시간을 정하고, 나는 그에 맞춰야 한다. 주체가 바뀌었다. 이동하지 않으면서 시간을 절약했다고 생각하지만, 사실은 시간의 주도권을 시스템에 넘긴 것이다. 과거에는 내가 시간을 주도적으로 정했지만, 이제는 시스템이 정한 시간에 맞춰야 하는 경우가 늘어났다.

　이러한 주도권의 상실은 단순히 배송 대기 시간에만 국한되지 않는다. 2022년 10월, 한 데이터센터에서 발생한 화재는 '카카오 먹통 사태'라는 전례 없는 재난으로 이어졌다. 화재로 인해 카카오의 서버 전원이 차단되자, 월간 활성 이용자 4,750만 명에 달하는 '국민 메신저' 카카오톡을 비롯해 택시 호출, 결제, 지도 등 일상에 깊숙이 침투한 서비스들이 일제히 멈춰 섰다. 가장 기본적인 메시지 송수신 기능이 복구되기까지 10시간이 걸렸고, 서비스가 완전히 정상화되기까지는 무려 127시간 33분이 소요되었다. 이 기간 동안 우리는 놀라울 정도로 무력했다. 친구와 연락할 수 없었고, 택시를 잡을 수 없었으며, 상점에서 결제하지 못했다. 심지어 일부 공공 서비스마저 마비되었다. 이 사건은 우리가 편리함의 대가로 얼마나 취약한 시스템에 삶의 주도권을 넘겨주었는지를 극명하게 보여주었다. 우리는 시스템을 '이용'한다고 믿었지만, 실은 시스템 없이는 단 하루도 살아갈 수 없는 '의존' 상태에 놓여 있었던 것이다.

걷기의 소멸, 사유의 정지

이동의 감소는 단순히 시간의 문제만이 아니다. 그것은 우리의 사유 방식까지 바꾸고 있다. 과거 철학자들은 걸으며 사유했다. 아리스토텔레스는 소요학파(걸어다니며 토론하는 학파)를 이끌었고, 칸트는 매일 같은 시간에 같은 길을 산책하며 생각에 잠겼다. 니체는 "위대한 사상은 모두 걸으며 떠오른다"고 단언했다.

걷기는 단순히 A에서 B로 이동하는 수단이 아니었다. 그것은 생각의 도구였다. 신경과학자들의 연구에 따르면, 걷기는 뇌의 창의성을 증가시키고, 우울증을 완화하며, 인지기능을 향상시킨다. 복잡한 문제에 대한 해결책은 책상 앞이 아니라 산책길에서 떠오를 때가 많다.

과거의 점심시간을 떠올려보자. 회사 근처 공원을 30분간 걸으며 오전의 복잡했던 생각을 정리하고, 오후 업무에 대한 새로운 활력을 얻곤 했다. 하지만 지금의 점심시간은 어떤가. 배달된 음식을 앞에 두고 소파에 앉아 유튜브 영상을 스크롤하는 30분은 수동적인 정보 소비로 채워질 뿐, 사유할 시간과 공간은 없다. 몸은 정지했고, 뇌는 자극에 반응할 뿐이다. 걷기의 감소는 단순히 운동량 감소가 아니라, 사유 방식의 변화와도 연결될 수 있다. 우리는 더 많은 정보에 접근하지만, 정작 깊이 생각할 시간은 줄어들었다. 더 빠르게 답을 찾지만, 정작 좋은 질문을 던질 여유는 사라졌다.

탐험에서 수령으로: 세계와의 관계 재정의

이동 중심 문명에서 배송 중심 문명으로의 전환은 인간과 세계의 관계를 근본적으로 바꾼다. 과거의 인간은 '탐험자'였다. 이동을 통해 세상을 만났다. 마트에 가다가 새로 생긴 카페를 발견하고, 서점에 들렀다가 예상치 못한 책을 만나며, 길을 걷다가 오랜 친구를 우연히 마주치는 일들. 그 과정에는 우연한 마주침, 뜻밖의 발견, 예상치 못한 변수가 주는 배움이 있었다.

배송 중심 문명에서 인간은 정지한 채 세상을 '확인'하는 '수령자'가 되었다. 알고리즘이 추천한 목록을 확인하고, 배송 앱에서 주문하며, 예측된 결과를 수령한다. 우연은 없고, 변수는 제거되었으며, 모든 것이 최적화되었다. 효율은 극대화되었지만, 우리 중 일부는 세상을 직접 부딪히며 느끼는 생경한 감각들을 경험할 기회가 줄어들고 있다.

물류는 이제 단순히 화물 운송업이 아니다. 인류의 라이프스타일을 설계하고, 도시의 구조를 재편하며, 인간의 정체성까지 바꾸는 '문명의 하부 구조'가 되었다. 2025년 온라인 쇼핑 거래액은 300조 원, 음식 서비스(배달) 시장은 40조 원을 기록했다. 이 거대한 숫자들은 우리가 이미 물류라는 새로운 운영체제 안에서 살고 있다는 사실을 증명한다.

PART 1을 마무리하며

우리가 얻은 것은 이동 시간 절약, 출퇴근 스트레스 감소, 날씨와 교통의 불편 제거, 전국 모든 상품에 대한 접근성, 물리적 제약으로부터의 해방이었다.

반면 우리가 잃은 것은 시간의 주도권, 우연한 만남과 발견의 기쁨, 걷기를 통한 사유의 시간, 세상과의 생경한 마주침, 깊게 고민하고 선택하는 습관이었다.

질문은 계속된다.

이 책은 배송 문명을 거부하라고 하지 않는다. 그것은 불가능한 일이고, 또 바람직하지도 않을 수 있다. 다만, 우리가 함께 생각해 볼 수 있다. 편리함의 대가로 무엇을 넘겨주고 있는지, 정지된 삶이 우리 내면에 어떤 변화를 일으키고 있는지를.

시간의 주권은 우리에게 있는가, 시스템에 있는가? 우리가 절약한 시간은 정말 우리를 자유롭게 만들었는가, 아니면 다른 형태의 구속으로 바뀌었을 뿐인가? 당신은 오늘 몇 걸음이나 걸었는가? 그 걸음 중에서 '목적 없이' 걸은 시간은 얼마나 되는가?

양면을 동시에 보는 것. 그것이 이 정지된 시대를 살아가는 자세다.

PART 1에서 우리는 인간의 변화를 보았다. PART 2에서는 공간의 변화를 볼 것이다. 배송 문명이 도시를 어떻게 재편하고 있는지, 그리고 그 속에서 우리의 삶이 어떻게 재배치되고 있는지를.

HOMO DELIVERICUS

창고가 된 도시: 물류가 점령한 공간의 기록

PART 02

도시의 1층에서
사람이 사라지고 있다

6.

저녁 무렵, 당신이 매일 걷는 거리를 한번 유심히 살펴보라. 건물 1층마다 들어선 편의점, 카페, 음식점들의 내부를 들여다보면 무언가 이상한 점을 발견하게 될 것이다. 카페의 가장 좋은 창가 자리는 커피를 마시는 연인 대신, 배달 주문서와 픽업을 기다리는 종이가방들이 차지하고 있다. 음식점 주방 앞은 홀 손님을 맞는 직원 대신, 헬멧을 쓴 라이더들이 분주하게 줄지어 서 있다. 도시의 1층은 지금 누구를 위해 변화하고 있는가.

불과 10년 전, 도시의 1층은 전혀 다른 풍경이었다. 그곳은 사람들이 만나고, 머무르며, 관계를 맺는 따뜻한 '공유의 장'이었다. 지금 1층에서 사람이 머무는 공간이 줄어들고 있다. 사람이 앉아 있던 자리엔 주인을 기다리는 택배 박스와 배달 음식이 쌓였고, 대화가 오가던 공간은 배달 기사들의 대기 장소로 변모했다. 우리가 사는 도시와 연결되는 첫 번째 관문인 1층이, 사람이 머무는 공간에서 상품이 잠시 경유하는 물류 인터페이스로 바뀌어 버렸다.

1층의 주인이 바뀌다: 사람에서 시스템으로

이러한 변화는 특정 지역의 이야기가 아니라 도시 전체로 빠르게 확장되고 있다. 도시 기획자 제인 제이콥스(Jane Jacobs)는 그의 저서『미국 대도시의 죽음과 삶』에서 도시의 활력과 안전은 '거리의 눈(Eyes on the Street)'에서 온다고 역설했다. 상점 주인, 카페 손님, 행인 등 수많은 사람들의 시선이 거리를 향해 열려 있을 때, 그 상호 감시와 교류 속에서 도시는 살아 숨 쉰다는 의미다. 하지만 지금 도시의 1층 중 일부는 사람보다 상품을 위한 공간으로

카페의 공간은 이제 커피를 마시는 사람뿐 아니라,
배송을 기다리는 상품을 위해서도 존재한다.

변모하고 있다. 그 자리는 상품의 바코드를 읽는 스캐너의 붉은 빛과, 알고리즘의 다음 명령을 기다리는 스마트폰 화면의 깜빡임이 대신하고 있다. 1층 공간의 기능 중 일부가 사람 중심에서 물류 중심으로 재편되고 있는 것이다.

과거에 도시의 1층은 소비자를 위한 상품 판매와 대화, 머무름의 공간이었다. 편의점은 지역 주민의 휴게소였고, 카페는 약속 없는 만남이 이루어지는 제3의 장소였다. 배송이 일상이 된 지금, 이 공간들의 기능은 근본적으로 재편되었다. 편의점은 택배 픽업과 발송, 퀵커머스 재고를 보관하는 물류 거점이 되었고, 카페나 식당은 배달 주문을 생산하고 대기하는 전진기지로 변모했다. 상점은 도시의 신경망을 구성하는 하나의 '노드(Node)'가 되었다. 사람이 나가지 않으니 배송이 늘었고, 배송이 늘어나니 사람은 더 나가지 않게 되는 순환 구조가 도시의 물리적 공간을 바꾸고 있다.

편리함과 상실, 그 명백한 거래

물론 이 변화가 모두에게 상실만을 의미하는 것은 아니다. 오히려 누군가에게는 해방에 가깝다. 맞벌이 하는 부부, 심야 근무를 하는 직장인, 낯선 택배기사를 마주치기 싫은 누군가에게 24시간 언제든 찾을 수 있는 문 앞 배송은 삶의 질을 높여주는 진보이다. 거동이 불편한 이들에게 문 앞까지 모든 것이 배달되는 시스템은 세상과 연결되는 생명줄이다. 1층이 물류 공간이 된 것은 우리가 선택한 삶의 방식이 투영된 결과이며, 부정할 수 없는 편리함이다.

편리함의 이면에는 우리가 무심코 지나쳤던 상실이 존재한다. 한때 이웃과 마주치며 안부를 묻던 공간은 이제 택배 상자를 피해 지나가는 통로가 되었고, 머물며 관계를 맺던 장소는 효율을 위한 경유지가 되었다. 우리는 밖에 나가지 않는 존재가 되었고, 그 대가로 우리의 1층을 시스템에 내어주었다. 1층이 우리를 먹여 살리는 거대한 창고가 되었기에, 우리는 역설적으로 집 안에서 안락한 고립을 누릴 수 있게 된 것이다.

한국적 특수성: 문 앞 배송과 사회적 신뢰

이러한 변화의 기저에는 세계적으로도 유례를 찾기 힘든 한국의 '문 앞 배송' 문화가 있다. 미국이나 유럽의 경우, 현관 앞에 놓인 택배가 도난당하는 '포치 파이러트(porch pirate)'가 사회적 문제지만, 한국에서는 택배 기사가 각 세대의 현관문 바로 앞까지 물건을 배송하는 것이 당연하게 여겨진다. 여기에는 몇 가지 복합적인 요인이 작용한다. 첫째, 아파트, 빌라 등 공동주택 거주 비율이 높아 한 번에 여러 집을 배송하기가 비교적 용이하다는 구조적 특징이 있다.

둘째, 더 중요한 것은 '남의 물건에 손대지 않는다'는 강력한 사회적 신뢰다. 카페에 노트북이나 지갑을 두고 자리를 비워도 좀처럼 사라지지 않는 것처럼, 문 앞에 놓인 택배 상자나 배달 음식은 암묵적인 사회적 신뢰 아래 보호받는다. 이처럼 높은 수준의 사회적 신뢰와 더불어 단위 면적당 세계 최고 수준으로 설치된 CCTV와 같은 물리적 감시망이 결합된 '아키텍처'는 한국의 독특한 문 앞 배송 문화를 가능하게 한 토대였다. 이러한 문화적 배경이 있었기에, 택배 기사는 안심하고 문 앞까지 배송할 수 있었고, 소비자는 분실 걱정 없이 비대면 수령의 편리함을 누릴 수 있었다.

구조적 필연: 새벽배송이 1층의 운명을 결정하다

이 변화는 누군가의 악의나 갑작스러운 변덕으로 일어난 것이 아니다. 우리가 선택한 '편리함'이 만들어낸 구조적 필연이다. 그 결정적 계기는 2015년을 전후로 등장한 컬리의 '새벽배송'이었다. 밤 11시까지 주문하면 다음 날 아침 7시 전에 문 앞으로 배송해주는 혁신적인 서비스는 맞벌이 부부와 1인 가구의 폭발적인 호응을 얻으며 시장의 판도를 바꿨다.

쿠팡이 '로켓프레시'라는 서비스로 참전하고, 신세계, 롯데, GS 등 대형 유통사들이 뛰어들면서 새벽배송은 순식간에 이커머스의 표준이 되었다. 국내 새벽배송 시장은 2015년 4,000억 원 규모에서 2025년 15조 원 규모로 성장하며, 10년 만에 약 37.5배 성장했다. 이 거대한 수요를 감당하기 위해, 새벽 시간 잠든 고객을 깨우지 않는 '비대면' 방식은 필수적이었고, 신선식품을 외부 환경으로부터 보호할 공간이 필요했다. 결국 건물의 1층과 현관 앞 공간은 단순한 통로가 아니라, 상품의 신선도를 유지하는 '저온 창고'의 일부가 되어야만 했다.

이제 새로 짓는 건물의 설계 단계에서부터 '택배 차량 진입 높이'와 '냉장 보관함 전력 설비'가 필수 항목으로 고려된다. 과거에는 로비 디자인을 중요하게 고려했다면, 최근에는 택배 동선도 주요 설계 요소로 추가되었다.

이러한 변화는 최근 '로봇 친화형 아파트'의 등장으로 더욱 가속화되고 있다. 삼성물산은 서울 서초구 '래미안 리더스원'에서 자율주행 로봇을 이용한 음식 배달 서비스 실증에 들어갔다. 입주민이 배달앱으로 음식을 주문하면 로봇이 공동현관을 통과하고 엘리베이터를 호출해 집 앞까지 배달하는 방식이다. 현대건설, HDC현대산업개발 등 다른 대형 건설사들 역시 유사한 로봇 배송 서비스를 앞다투어 도입하고 있다. 이 로봇들은 지하 주차장에서 각 세대 현관문까지, 단지 내 모든 공간을 사람의 개입 없이 이동하도록 설계되었다. 일부 신축 건물에서는 사람의 동선만큼이나 상품의 동선을 중요하게 고려하여 설계하고 있다. 1층은 땅과 건물이 만나는 지점이 아니라, 도로 위의 물류 시스템이 건물 안으로 흡수되는 '물리적 입구(Gateway)'로 재정의되고 있는 것이다.

얻은 것과 잃은 것 사이에서

도시의 1층이 물류 공간으로 변모한 현상은 우리에게 많은 것을 시사한다. 우리는 24시간 언제든 물건을 수령할 수 있는 편리함, 거동이 불편한 이들의 접근성 향상, 배송 기사와 로봇의 효율성 증대라는 명백한 가치를 얻었다. 하지만 그 대가로 우리는 이웃과 만나던 커뮤니티 공간과 예측 불가능한 만남이 일어나던 거리의 활력을, 인간적인 온기를 잃어가고 있다. 이것이 좋은 변화인지 아닌지 섣불리 판단하기는 어렵다. 진보와 퇴보, 해방과 종속의 얼굴을 동시에 하고 있기 때문이다. 중요한 것은 이 변화의 구조를 인식하는 것이다. 우리가 누리는 문 앞의 편리함이 어떤 사회적 합의와 기술적 시스템, 그리고 공간의 희생 위에서 이루어지고 있는지를 아는 것이 중요하다. 양면을 동시에 보는 것, 그것이 이 창고 도시를 살아가는 우리의 자세여야 한다.

당신이 매일 지나는 거리의 1층은 여전히 사람들이 머무는 공간인가, 아니면 상품이 머무는 공간인가?

편의점은 더 이상
당신을 기다리지 않는다

7.

늦은 밤, 집 앞 편의점에 들어서면 묘한 위화감을 느낀 적이 있다. 매장 안에는 손님보다 배달 조끼를 입은 기사들이 더 많다. 한 명은 쉴 새 없이 택배 상자를 스캔하고, 다른 한 명은 점원에게 픽업 번호를 외친다.

매장 한쪽 면은 이미 '상품 진열'이 아닌 '물류 적재'를 위한 공간으로 변해 있다. "택배 보내는 곳", "퀵커머스 배송 상품"이라는 라벨이 붙은 봉투들이 쌓여 있다. 점원은 손님의 결제를 처리하기 전, 기사 한 명의 물품 픽업을 먼저 처리한다.

이 공간의 진짜 고객은 우리가 아니라 '배송 시스템'일 수 있다는 사실을 깨닫는 순간이다.

편의점은 이제 상품을 파는 소매점을 넘어,
도시 물류의 핵심 거점으로 진화하고 있다. 사진=BGF리테일

상점에서 '도시의 신경망'으로

불과 10년 전, 편의점은 말 그대로 '편의(Convenience)'를 파는 상점이었다. 급하게 필요한 물건을 사고, 간단히 요기하며, 잠시 숨을 돌리는 공간. 그곳의 주인공은 명백히 물건을 사러 온 '손님'이었다. 지금 편의점의 정체성은 크게 변화하고 있다. 도시 곳곳에 촘촘히 박힌 편의점은 이제 상품을 판매하는 소매점을 넘어, 도시의 혈관을 타고 흐르는 물류의 흐름을 조율하는 핵심 '노드'이자 '신경망'으로 변모하고 있다.

편의점의 기능 변화: 소매점에서 물류 거점으로

구분	전통적 기능 (여전히 핵심)	추가된 기능 (비중 확대 중)
주요 고객	지역 주민, 통행객	배달 기사, 픽업 고객
공간 용도	상품 진열, 판매	택배 보관, 재고 보관
점원 업무	결제, 상품 진열	배달 주문, 픽업 관리
수익 구조	상품 판매 수익	물류 수수료, 임대료

※ 편의점은 여전히 소매점이 핵심 기능이나, 물류 거점 역할이 빠르게 확대되고 있다.

과거에는 지역 주민과 통행객이 편의점의 주요 고객이었지만, 이제는 배달 기사와 픽업 고객, 그리고 배송 시스템 자체가 더 중요한 고객이 되고 있다. 상품 진열과 판매가 주된 용도였던 공간은 택배 보관과 픽업 대기, 택배 집하를 위한 공간으로 그 기능이 전이되었다. 점원의 주요 업무 역시 단순 결제와 상품 진열을 넘어 배달 주문 처리와 픽업 상품 관리, 택배 접수까지 확장되었다. 담배나 음료 같은 상품 판매 수익이 핵심이었던 수익 구조는 이제 택배, 퀵커머스 등 물류 중개 수수료와 공간 임대료가 더해진 복합적인 형태로 진화했다. 이처럼 공간의 정체성이 소매점(Retail Store)에서 라스트마일 물류 거점(Last mile Logistics Hub)으로 전환되는 현상은, 단순히 몇몇 점포의 이야기가 아니라 도시 공간 전체가 물류 시스템을 중심으로 재편되고 있음을 보여주는 거대한 흐름의 단면이다.

우리는 여전히 이 공간들을 이용하지만, 그 안에서 우리와 물류 시스템이 공간을 공유하고 있다. 시스템이 운영하는 거대한 네트워크의 노드를 잠시 빌려 쓰는 '부차적 이용자'가 되고 있다. 물류 기능이 점점 더 중요한 수익원이 되면서, 매장 공간과 운영이 이에 맞춰 재편되고 있다.

생존을 위해 '라스트마일 그리드'가 되다

편의점이 물류 거점이 된 것은 우연이 아니다. 2025년 기준 전국에 약 5만 6천여 개에 달하는 편의점 네트워크는 이미 도시 전체를 500m 단위로 촘촘하게 쪼개놓은 완벽한 '물류 그리드(Grid)'가 됐다. 배송 플랫폼 입장에서는 막대한 비용을 들여 새로운 거점을 구축할 필요 없이 이미 완성된 인프라에 '플러그인'만 하면 됐다. 24시간 운영, 냉장·냉동 설비 완비, 뛰어난 접근성 등 편의점은 라스트마일 배송을 위한 최적의 조건을 모두 갖추고 있기 때문이다.

편의점 입장에서도 이 제안은 매력적이었다. 온라인 쇼핑의 확산과 인구 구조 변화로 기존의 오프라인 매출은 정체되거나 감소하는 추세였다. 업계에 따르면, 편의점 업태 성장률은 2026년 0.1%에 그칠 것으로 전망될 만큼, 양적 성장의 시대는 막을 내리고 있었다. 손님이 줄어든 편의점은 생존을 위해 기꺼이 물류 네트워크의 말단 노드가 되기를 선택했다. 이것은 단순히 부가 수익을 창출하는 수준을 넘어, 편의점이라는 업태 자체의 생존 전략이 되었다.

퀵커머스 전쟁의 최전선

이러한 변화의 흐름 속에서 편의점 업계는 '퀵커머스'라는 새로운 전쟁터의 최전선이 되었다. 주요 편의점 4사는 모두 자체 앱을 강화하거나 배달 플랫폼과의 제휴를 통해 '픽업'과 '배달'이라는 퀵커머스 경쟁에 사활을 걸고 있다.

GS리테일이 운영하는 '우리동네GS'의 경우, 픽업 서비스 이용 건수가 2025년 11월 기준 전년 동월 대비 36.3% 증가했으며, 퀵커머스 전체 매출은 2023년 대비 159.9% 급증했다. 특히 픽업 서비스가 전체 퀵커머스 실적의 70%를 차지하며 핵심 서비스로 자리 잡았다.

BGF리테일이 운영하는 CU의 '포켓CU' 앱에서는 주류 픽업 서비스인 'CU BAR'의 이용 건수가 2022년 6만 건에서 2023년 20만 건으로 3배 이상 폭증했으며, 배달 플랫폼과 제휴하여 전국 6,000여 개 매장에서 배달 및 픽업 서비스를 제공하며 경쟁에 뛰어들었다.

세븐일레븐의 '당일 픽업' 서비스는 2025년 2월 론칭 6개월 만에 매출이 10배 성장했고, 이마트24의 배달 서비스 이용 건수는 1분기에만 2.5배 증가하는 등, 모든 편의점이 물류 기능을 강화하며 새로운 수익원을 찾고 있다. 이처럼 편의점은 이제 단순히 상품을 파는 소매점을 넘어, 도심 물류의 핵심 인프라로 진화하고 있음을 명확히 보여준다.

구조적 수렴: 도시의 모든 공간이 창고가 된다

편의점이 물류 거점이 된 현상은 개별 기업의 탁월한 전략이라 기보다, 시대적 요구와 기술적 가능성이 만나 발생한 '구조적 수렴(Structural Convergence)'의 결과다. 이들은 이미 도시의 혈관 처럼 촘촘히 뻗어 있었고, 24시간 깨어 있으며, 물류에 필요한 물리적 인프라를 갖추고 있었다. 배송 플랫폼은 이들을 '발견'하고 기능을 '재정의'했을 뿐이다.

이러한 변화는 우리에게 명확한 가치를 제공했다. 편의점과 같은 소상공인들은 온라인 시대에 새로운 생존 전략을 얻었다. 도시의 유휴 공간은 효율적으로 활용될 수 있었기에 사회 전체의 물류 효율성은 극적으로 향상되었다. 하지만 우리는 상점의 본래 정체성과 손님 중심의 공간에서 이루어지던 예측 불가능한 인간적 교류의 장소를 잃었다. 과거에는 물건을 고르며 점원과 나누던 짧은 대화, 진열대를 둘러보다 우연히 새로운 상품을 발견하는 즐거움이 있었지만, 이제 편의점은 시스템의 명령을 수행하는 기사와 점원의 효율적인 움직임으로 채워지고 있다.

이것은 누군가를 비난하기 위함이 아니다. 도시는 이미 물류를 위한 거대한 운영체제로 바뀌었고, 우리는 네트워크 안에서 살고 있다는 사실에 대한 담담한 진술이다. 사람들이 더 이상 밖으로 나가지 않으니 편의점 손님은 줄었고, 줄어든 매출을 만회하기 위해 편의점은 기꺼이 물류 거점이 되어 줄 준비가 된 것이다. 편의점이 완벽한 도심 물류 거점이 되면, 우리는 더더욱 밖에 나갈 필요가 없어질 것이다. 이 거대한 순환의 고리 속에서 편리함을 얻는 동시에 우리를 둘러싼 공간의 의미를 시스템에 내어주고 있다.

당신이 자주 가는 편의점은 여전히 물건을 사는 '상점'인가, 아니면 물건을 받는 '물류 거점'인가? 질문에 대한 답 속에 우리가 살고 있는 도시의 현재 모습이 담겨 있다.

MFC, 도시의 심장에 박힌 서버

8.

도심 주유소 옆에 간판도 없는 낯선 건물이 눈에 띈다. 유리창은 선팅으로 가려져 있고, 출입문에는 "관계자 외 출입 금지"라는 경고문만 붙어 있다. 그러나 그 앞은 이상할 정도로 활기가 넘친다. 다마스같은 소형 트럭들이 쉼 없이 드나들고, 오토바이들이 벌떼처럼 모여들었다가 흩어진다. 이곳은 무엇을 하는 곳일까?

이 정체불명의 공간은 바로 MFC(Micro Fulfillment Center), 즉 '초소형 물류센터'다. 과거의 창고가 도시 외곽의 거대한 박스였다면, MFC는 우리가 잠자는 침대에서 불과 몇 분 거리에 있는 '도심형 창고'다. MFC는 단순히 물건을 보관하는 장소가 아니다. 우리 동네의 라이프스타일을 실시간으로 읽고 처리하는, 도시의 혈관 속을 흐르는 데이터의 물리적 현신, 바로 '생활 반경 서버(Neighborhood Server)'다.

기존 매장을 MFC로 활용하는 '오늘드림' 서비스는
도심 물류의 패러다임을 바꿨다. 사진=올리브영

도시의 캐시 메모리, 속도의 전쟁을 지휘하다

MFC가 우리 곁에 나타난 것은 그리 오래되지 않았다. 2020년 이전만 해도 MFC는 일부 기업의 실험적 시설에 가까웠지만, 코로나19 팬데믹을 기점으로 퀵커머스 시장이 폭발적으로 성장하면서 이제는 속도 경쟁의 승패를 가르는 핵심 인프라로 자리 잡았다. 실제로 국내 퀵커머스 시장 규모는 2020년 약 3,500억 원에서 2025년에는 5조 원에 이른 만큼, 그 성장의 중심에는 MFC가 있다. 서울의 고밀도 상업 및 주거 지역에서는 반경 1㎞ 안에 여러 개의 MFC가 보이지 않는 신경망처럼 촘촘히 박혀 도시의 속도를 지휘하고 있다.

현대 도시의 물류 구조는 컴퓨터 시스템의 설계도를 그대로 닮아 있다. 컴퓨터가 자주 쓰는 정보를 CPU와 가장 가까운 '캐시(Cache) 메모리'에 저장해 처리 속도를 높이듯, 물류 시스템도 소비자와의 물리적 거리를 기준으로 계층화된 재고 관리 전략을 사용한다. 가장 거대한 두뇌이자 '메인 메모리' 역할을 하는 것은 수도권 외곽의 대형 풀필먼트 센터(FC)다. 이곳에는 수십만 종의 방대한 상품(Long tail)을 보관하며, 자동화 로봇이 재고를 관리하고 전국의 하위 거점으로 상품을 공급한다. 그 아래 단계인 'L2 캐시'가 바로 도심형 MFC다. MFC는 반경 2~5㎞ 내 수요가 높은 핵심 상품(Fast moving) 수천 종을 전진 배치하여 30분에서 3시간 내 배송을 담당하는 '생활 반경 서버' 역할을 수행한다. 마지막으로 소비자와 가장 가까운 최전선에는 편의점, 다크스토어, 혹은 기존 매장을 활용한 'L1 캐시'가 존재한다. 이들은 즉각적인 수요에 대응하는 초소량 재고 거점이다.

우리가 앱을 열고 주문 버튼을 누르는 순간, 서버에서 데이터를 불러오듯 MFC의 선반에서 우유와 달걀이 인출된다. 이것은 산업의 변화를 넘어 문명의 전환을 의미한다. 도시는 물건을 파는 장소의 집합을 넘어, '재고라는 데이터를 물리적으로 스트리밍하는 시스템'으로도 진화하고 있다.

물류 시스템의 계층 구조와 컴퓨터 아키텍처 비유

계층	컴퓨터 아키텍처	물류 시스템	역할 및 특징
메인 메모리 (Main Memory)	RAM	수도권 대형 풀필먼트 센터 (FC)	수십만 종의 방대한 상품(Long tail) 보관. FC처럼 자동화 로봇이 재고를 관리하고, 전국의 MFC로 상품을 공급하는 물류 네트워크의 '두뇌'이자 '심장'.
L2 캐시 (L2 Cache)	CPU 캐시	도심형 MFC	반경 2~5㎞ 내 수요가 높은 핵심 상품(Fast moving) 수천 종을 전진 배치. 주문 즉시 피킹, 포장, 배송이 이루어지는 '생활 반경 서버'. 30분 ~3시간 내 배송을 담당.
L1 캐시 (L1 Cache)	레지스터	편의점, 다크스토어, 매장형 MFC	소비자와 가장 가까운 최전선. 즉각적인 수요에 대응하는 초소량 재고 거점. 올리브영의 '오늘드림'처럼 기존 매장이 L1 캐시 역할을 수행하기도 한다.

속도의 설계자들: MFC는 어떻게 작동하는가

MFC의 성공은 단순히 창고를 도심으로 옮겨온 것에 그치지 않는다. 각 기업은 저마다의 전략으로 MFC를 활용해 속도 경쟁의 승기를 잡으려 한다. 이는 유통의 패러다임을 바꾸는 거대한 실험의 장이기도 하다. 한 가지 탁월한 전략은 기존의 자산을 물류 거점으로 재활용하는 방식이다. 대표적으로 헬스앤뷰티 스토어 올리브영의 '오늘드림' 서비스는 전국 1,300여 개에 달하는 기존 매장을 MFC로 활용했다. 고객이 앱으로 상품을 주문하면, 시스템은 고객 위치에서 가장 가까운 매장 중 재고를 보유한 곳으로 주문을 자동 전송한다. 주문을 받은 매장 직원은 즉시 상품을 피킹하고 포장하며, 대기하던 배달대행사 라이더가 이를 픽업해 3시간 내에 고객에게 전달한다. 다이소도 자사 앱을 통해 서울 강남, 서초, 송파 등 일부 지역에서 주문 후 1~4시간 이내 배송받는 '오늘배송' 퀵커머스를 선보였다. 이는 막대한 초기 투자 없이 기존 자산을 'L1 캐시'로 전환하여 즉시 배송망을 구축한, 발상의 전환이 낳은 혁신이다.

또 다른 전략은 거대한 중앙 집중식 네트워크와 모세혈관 같은 분산형 거점을 유기적으로 결합하는 것이다. 국내 최대 이커머스 플랫폼 중 하나인 쿠팡이 이 방식을 따른다. 경기도 동탄이나 이천 등에 위치한 축구장 수십 개 크기의 풀필먼트 센터(FC)는 수십만 종의 상품을 보관하고 자동화 로봇이 재고를 관리하는 '메인 메모리' 역할을 한다. 이곳에서 분류된 상품들은 매일 밤 전국 각지에 퍼진 MFC, 즉 '캠프(Camp)'로 이동한다. 캠프는 각 지역의 'L2 캐시'로서, 다음 날 배송될 물건들을 최종 분류하고 배송 기사에게 전달하는 라스트마일 전진기지 역할을 수행한다. 새벽배송인 '로켓프레시' 역시 이 구조 위에서 작동한다. 이처럼 중앙집중식 대형 센터와 분산형 소형 거점의 결합은 압도적인 속도와 상품 구색을 동시에 유지할 수 있는 비결이 된다.

이러한 속도 경쟁의 성공은 단순히 기술만으로 설명할 수 없다. 공동현관 비밀번호를 공유하거나, 배송 기사를 위해 1층 현관문을 열어두는 한국 특유의 '문앞 배송' 문화는 해외에서는 찾아보기 힘든 독특한 사회적 자산이다. 이는 기술 인프라만큼이나 중요한, 우리 사회의 암묵적 신뢰가 낳은 결과물이라 해석할 수 있다.

물론 모든 속도 경쟁이 성공으로 이어진 것은 아니다. MFC와 당일 배송은 단순히 자본과 기술만으로 성공할 수 있는 영역이 아니며, 고도로 정교한 운영 능력과 시장 지배력이 뒷받침되어야 함을 보여준다. 이는 막대한 투자를 했음에도 불구하고 기존 오프라인 유통 구조와 온라인 플랫폼 간의 시너지를 내지 못해 새벽배송 시장에서 고전했던 일부 대기업 사례에서도 확인할 수 있다. 치열한 경쟁과 높은 물류 비용의 벽을 넘지 못하고 사업을 축소한 사례들은 이 시장의 진입 장벽이 얼마나 높은지를 증명한다.

소비의 예언자, 그리고 의존의 심화

MFC는 단순히 물건을 쌓아두지 않는다. 우리 동네 사람들이 지난주에 무엇을 샀는지, 비가 올 때 무엇을 주문하는지, 월요일 아침엔 어떤 생필품이 부족한지를 데이터로 분석하는 '소비의 예언자'다. 시스템은 과거 데이터를 학습해 "월요일 아침 8시에는 계란, 우유, 식빵의 주문이 급증한다"거나 "비 오는 날에는 라면 주문이 평소보다 3.2배 늘어난다"와 같은 패턴을 발견한다. 이 예

측을 통해 시스템은 주문이 들어오기 전에 이미 재고를 준비해둔
다. 이것은 효율성이며, 우리는 그 덕분에 원하는 것을 즉시 받을
수 있다.

이렇게 예측된 편리함은 시스템에 대한 깊은 의존을 낳는다. 우
리는 내가 필요해서 주문한다고 생각하지만, 어떤 측면에서는 시
스템이 이미 예측하고 준비해둔 결과물을 받아보는 구조에 점점
더 의존하게 된다. 코로나19 팬데믹 초창기였던 2020년 3월, 신
선식품 이커머스에서 주문이 폭주하며 배송 지연과 품절 사태가
속출했을 때 이 의존성은 현실로 드러났다. 당시 이 회사는 공식
사과문을 통해 "코로나19 확산으로 인한 주문 폭주로 평소 대비
주문 건수가 많아졌다"고 설명하며 시스템이 감당할 수 있는 용
량을 넘어섰음을 인정했다. 이는 기술적 장애가 아닌 외부 충격만
으로도 우리가 의존하던 시스템이 얼마나 쉽게 마비될 수 있는지
를 보여준 사건이었다. 우리의 필요가 시스템의 예측에 의해 관리
되기 시작하면서, 우리는 시스템 없이는 일상의 작은 결핍조차 해
결하기 어려운 존재가 되어가고 있다.

보이지 않는 창고, 보이지 않는 통제

MFC가 간판을 달지 않고 유리창을 가리는 이유는 무엇일까?
도시의 미관과 충돌하기 때문이기도 하지만, 본질적으로는 '보일
필요가 없기' 때문이다. 이곳은 사람이 걸어 들어가는 상점이 아

니다. 오직 데이터 신호를 받은 기사와 로봇만이 드나드는 디지털 물리 인터페이스다. 도시는 갈수록 매끄럽고 아름다워지는 듯하지만, 그 이면에는 MFC와 같은 거대한 기계장치들이 실핏줄처럼 박혀있다. 우리는 그 세련된 도시의 표면 아래에서 시스템이 제공하는 안락함을 누리며 산다.

안락함은 우리가 시스템의 예측 범위 안에 머물 때만 유효하다. MFC라는 서버가 멈추는 순간, 우리의 일상 편의 중 상당 부분이 불편해질 수 있다. 창고가 우리 곁으로 다가올수록 우리는 더 편해졌지만, 그만큼 시스템에 의존하는 비중도 늘어났다. 편리함의 증가는 곧 의존의 심화를 의미했고, 의존의 심화는 보이지 않는 통제의 강화를 낳았다. 우리는 이 거래의 양면을 동시에 보고 있는가?

우리는 도시가 아니라 네트워크 안에 산다

9.

이사를 앞두고 배달앱을 열어 습관처럼 주소를 확인하는 순간이 온다. '서울시 강남구 대치동 123-45 ○○아파트 101동 1001호.' 입력된 주소를 바라보다 문득 이상한 생각이 든다. 이 복잡한 숫자의 조합은 대체 누구를 위한 것일까? 10년 전만 해도 주소는 우체부가 일 년에 몇 번 편지를 가져다주기 위한 약속된 코드였다.

하지만 지금 주소의 본질은 달라졌다. 이것은 하루에도 수차례 배달기사의 단말기에 찍히는 '배송 좌표'이자, 알고리즘이 경로를 계산하기 위한 '데이터 포인트'다. 우리는 행정구역으로서의 주소에 살면서 동시에, 거대한 시스템이 설계한 배송 코드 안에서도 살고 있다.

주소의 재정의: 장소에서 좌표로

배송 시스템에서 주소는 단순한 위치 정보가 아니다. 배송 난

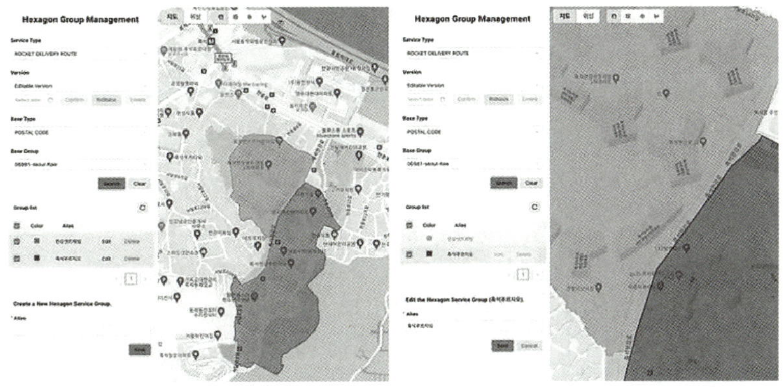

플랫폼의 공간 색인 기반의 배송 영역 관리 시스템. 도시는 이제 행정구역이 아닌, 배송 가능 시간(SLA)에 따라 보이지 않게 분할된다. 출처=쿠팡 블로그

이도, 과거 배송 이력, 재배송률, 평균 배송 시간까지 연결된 복합 데이터다. 같은 아파트 단지라도 101동과 108동의 '주소 가치'가 다르다. 엘리베이터 유무, 주차 여건, 경비실 협조도까지 모두 점수화되어 있다. 주소는 우리가 사는 '장소(Place)'를 넘어, 시스템이 우리를 분류하고 효율을 계산하기 위한 '좌표(Coordinate)'로도 작동하게 되었다. 우리는 이 좌표값에 따라 다른 수준의 서비스를 제공받는다.

과거의 주소는 공동체의 기억과 개인의 서사가 깃든 장소였다. '우리 동네', '내가 사는 골목'처럼 정서적 유대감을 담고 있었다. 하지만 네트워크의 시대에 주소는 점점 더 기능적인 코드로 재해석되고 있다. 시스템은 '대치동'이라는 지역의 역사나 문화에는 관심이 없다. 오직 그 좌표까지 도달하는 데 걸리는 시간, 비용,

리스크만을 계산할 뿐이다. 이 과정에서 우리는 우리 자신도 모르는 사이에 시스템의 언어로 우리 삶의 터전을 재인식하게 된다. '살기 좋은 동네'의 기준은 이제 학군이나 공원이 있지만, '새벽배송 가능 여부'와 '퀵커머스 도착 시간'으로도 확대되었다.

수도권 물류의 심장: 대형 풀필먼트 센터

우리가 경험하는 10분, 30분 단위의 퀵커머스는 도심 곳곳에 박힌 MFC와 편의점이라는 '캐시 메모리' 덕분이다. 하지만 이 캐시 메모리에 데이터를 끊임없이 공급하는 '메인 메모리'가 없다면 시스템은 멈춘다. 그 심장 역할을 하는 것이 바로 수도권 외곽에 거대한 위용을 드러내며 자리 잡은 대형 풀필먼트 센터(Fulfillment Center, FC)들이다.

쿠팡, 컬리, SSG닷컴 같은 이커머스 기업들은 경기도 이천, 용인, 평택, 고양 등지에 축구장 수십 개 크기의 첨단 물류센터를 경쟁적으로 구축했다. 쿠팡은 전국 30개 지역에 100개가 넘는 물류 인프라를 운영하며, 대한민국 인구의 70%가 쿠팡 배송센터로부터 10㎞ 이내에 거주하도록 만들었다. 컬리는 평택에 축구장 28개 크기에 달하는 국내 최대 규모의 신선식품 물류센터를 가동하고 있으며, SSG닷컴은 이마트 매장을 활용한 PP(Picking & Packing)센터 외에도 김포와 용인에 자동화 물류센터 '네오(NE.O)'를 운영하며 수도권 배송 전쟁을 지휘한다.

거대한 FC들은 단순한 창고가 아니다. 수십만 종의 상품을 보관하며, AI 기반의 창고관리시스템(WMS)을 통해 재고를 관리하고, 로봇이 상품을 피킹하며, 자동분류시스템이 전국의 캠프와 MFC로 향하는 상품들을 쉴 새 없이 실어 나른다. 우리가 자정 전에 주문하면 다음 날 새벽에 도착하는 '새벽배송'과 '로켓배송'은 바로 이 거대한 물류의 심장이 밤새도록 뛰고 있기에 가능한 기적이다. 물류의 심장이 멈추는 순간, 도시의 모세혈관인 MFC와 편의점은 피를 공급받지 못하게 되고, 우리가 당연하게 여기던 신속배송은 어려워질 것이다.

주요 이커머스 기업의 물류 인프라 현황 (2025년 기준)

기업	주요 물류 센터	위치	규모 (연면적)	주요 특징
쿠팡	동탄, 이천, 고양, 인천 등	경기 남부/동부/북부, 인천	전국 100여개, 총 390만㎡ 이상	자체 개발 WMS, 랜덤 스토우, AI 기반 자동화, 전국 인구 70% 커버
컬리	평택, 김포 물류센터	경기 남부/서부	평택(19.9만㎡), 김포(8.4만㎡)	국내 최대 규모 신선식품 물류센터, 풀콜드체인 시스템
SSG 닷컴	NE.O 센터, PP센터	경기 용인, 김포 등	전국 100여개 PP센터 운영	자동화 물류센터(NE.O)와 이마트 매장(PP센터)을 연계한 '투트랙' 전략
롯데 쇼핑	오카도 CFC (건설 중)	경기 고양, 부산	고양 약 4만㎡ 부지	영국 오카도(Ocado)와 협력, 1조원 투자하여 2027년 가동 목표
11 번가	슈팅배송 물류센터	인천, 파주, 대전 등	비공개	CJ대한통운과 협력, 주 7일 배송 및 수도권 당일배송 서비스 제공

지리적 공간에서 '네트워크 격자'로

사회학자 마누엘 카스텔(Manuel Castells)은 그의 저서 『네트워크 사회의 도래』에서 현대 사회가 지리적 근접성에 기반한 '장소의 공간(Space of Places)'에서 정보와 자본, 상품이 흐르는 '흐름의 공간(Space of Flows)'으로 전이되고 있다고 분석했다. 우리 집은 이제 고정된 물리적 장소가 아니라, 물자와 데이터가 끊임없이 흐르고 멈추는 네트워크의 한 지점(노드)이 된 것이다.

이 네트워크 안에서 거리는 더 이상 미터(m)나 킬로미터(km)로 측정되지 않는다. 오직 시간(분)으로만 측정된다. 2km 떨어져 있어도 배송이 10분 만에 가능하다면 그곳은 '가까운 노드'가 된다. 반면, 불과 500m 앞이라도 일방통행과 복잡한 골목 탓에 20분이 걸린다면 시스템은 그곳을 '먼 노드'로 분류한다. 물리적 거리가 아니라 배송 효율성이 도시의 새로운 가치를 정의하기 시작한 것이다. 우리는 더 이상 지도 위의 거리를 신뢰하지 않는다. 대신 배달앱에 표시되는 '예상 도착 시간'이라는 시스템이 계산해 낸 시간적 거리를 기준으로 세상을 재편하고 있다.

효율과 불평등: SLA가 가르는 새로운 계급

이제 도시는 행정구역이 아닌 SLA(Service Level Agreement, 서비스 수준 협약) 단위로 보이지 않게 쪼개진다. 30분 내 배송이 가능한 '30분 SLA 구역', 3시간 내 배송이 가능한 '3시간 SLA 구역', 새벽배송만 가능한 '당일 SLA 구역'으로 나뉜다. 시스템은 최적의 경로를 찾아 가장 빠르게 배송하며 효율을 극대화한다. 이것은 분명한 기술의 진보이며, 이 구역 안에 사는 사람들에게는 전례 없는 편리함을 제공한다.

전례없는 편리함과 눈부신 효율은 새로운 형태의 불평등을 낳는다. 한 배달앱의 내부조사 자료에 따르면, 서울 강남·서초·송파 지역은 전체의 87.2%가 30분 SLA 구역에 속하지만, 은평·강북·도봉 지역은 23.4%에 불과하다는 분석이 있다. 같은 서울이라는 행정구역 안에 살지만, 물류 서비스 수준에서는 4배 가까운 격차가 존재하는 것이다. 이 격차는 단순히 불편함을 넘어, 삶의 질과 기회의 차이로 이어진다. 이사를 준비하는 사람들은 요즘 가장 먼저 배달앱을 확인한다. 주소를 입력했을 때 '배송 불가'라고 뜨면 바로 선택지에서 제외한다. 아무리 집이 저렴하고 좋아도 배송이 안 되는 곳은 선택받지 못한다. 배송망의 포함 여부가 거주지 선택의 핵심 기준이 된 것이다.

배송망 밖의 공간은 이제 물리적으로는 존재할지언정, 시스템상으로는 '우선순위가 낮은 지역'으로 분류된다. 퀵커머스 서비스가 닿지 않는 곳은 신속 배송의 편의에서 소외된 지역이 되기 때문이다. 과거에는 도로와 지하철이 닿지 않는 곳이 오지였다면, 이제는 배송 네트워크가 닿지 않는 곳이 새로운 오지가 되었다.

누가 도시를 운영하는가

과거의 도시는 시장이나 구청장, 지역 주민들이 만들어가는 합의의 공간이었다. 공청회를 열어 도로 계획을 논의하고, 주민 투표를 통해 공원 부지를 결정했다. 하지만 현재, 도시를 실질적으로 움직이는 주체는 누구일까? 배송 플랫폼의 알고리즘은 매 순간 어디에 MFC를 배치할지, 어느 시간대에 기사를 더 투입할지, 어떤 상품을 미리 비축할지를 결정한다. 이 결정들은 도시의 교통 흐름을 바꾸고, 상업 지역의 지형도를 재편하며, 심지어 부동산 가격에까지 영향을 미친다.

실제로 경기도 화성, 송산 등 신도시들이 도시계획을 세울 때 물류 플랫폼과 협의를 한다. MFC 입지 선정, 배송 차량 동선, 주차 공간 확보 등이 도시계획의 주요 변수가 되었다. 사실상 민간 기업의 물류 알고리즘이 도시의 물리적 구조에 직접적인 영향을 미치고 있다. 공공의 영역이었던 도시 설계에 민간 플랫폼의 영향력이 커지고 있는 것이다.

공공은 도로를 닦고 공원을 조성할 수 있지만, 정작 그 길 위를 흐르는 생존의 물자를 통제하는 것은 민간의 알고리즘이다. 공공의 계획이 수년에 걸쳐 이루어지는 동안, 민간의 알고리즘은 수초 만에 도시의 자원 배분을 결정하고 실행한다. 우리는 민주적 절차를 통해 선출된 대표가 운영하는 도시에 살고 있다고 믿지만,

실제 우리 삶의 리듬을 조율하는 것은 코드와 데이터로 이루어진 보이지 않는 시스템일지도 모른다.

우리는 물류 네트워크 안에 산다. 이것은 효율적이지만, 동시에 불평등하다. 편리하지만, 동시에 배타적이다. 당신은 어느 SLA 구역에 살고 있는가? 당신의 주소는 시스템에게 '녹색'인가, 아니면 '회색'인가?

새벽배송의 대가, 속도가 삼킨 것들   10.

10년 전 당신이 살던 동네의 거리 풍경을 기억하는가. 인터넷 지도의 '스트리트 뷰' 기능을 이용해 2015년의 어느 날로 시간을 되돌려 보자. 화면 속 그 자리에는 빨간 벽돌의 작은 서점이 있었을지 모른다. 창가에는 계절마다 바뀌는 책들이 전시되었고, 주인장이 손수 쓴 추천 문구가 정겹게 붙어있었다. 골목 어귀의 노란 파라솔이 인상적이던 카페는 동네 사랑방 역할을 했다. 그러나 2026년, 같은 자리에 남은 것은 무엇인가. 서점 자리에는 오토바이가 늘어선 배달 음식 전문점이, 주유소 자리에는 유리창이 가려진 퀵커머스 MFC(Micro Fulfillment Center)가 들어섰을 가능성이 높다. "관계자 외 출입 금지"라는 경고문은 그곳이 더 이상 사람을 위한 공간이 아님을 선언한다. 풍경이 사라졌다. 그리고 풍경에 깃들어 있던 우리의 기억도 함께 희미해졌다.

이것은 단지 한 골목의 이야기가 아니다. 우리가 사는 도시 곳곳에서 벌어지는, 물류가 우리의 풍경을 잠식하는 현장의 기록이

한때 새벽배송의 상징이었던 우유 배달.
이제는 거대 플랫폼의 속도 경쟁 속으로 편입되었다.

다. 도시는 본래 다양한 색깔과 형태, 이야기가 공존하는 공간이었다. 빨간 벽돌 건물, 초록색 간판의 약국, 알록달록한 채소를 쌓아놓은 시장. 각기 다른 상점들이 저마다의 개성을 뽐내며 거리를 채웠다. 하지만 물류가 도시의 운영체제 중 하나가 되면서, 일부 지역의 풍경은 단조로워지고 있다. 점점 더 많은 공간이 무채색으로, 기능적으로, 효율적으로 변하고 있다. 이 거대한 전환의 동력은 무엇이었을까?

새벽의 폭발: 15조 시장이 삼킨 것들

이 모든 변화의 중심에는 '새벽배송'이라는 거대한 엔진이 있다. 2015년 마켓컬리가 '샛별배송'이라는 이름으로 처음 문을 연

새벽배송 시장은 당시 4,000억 원 규모에 불과했다. 그러나 불과 10년도 채 되지 않아, 이 시장은 2023년 11조 8,000억 원을 넘어섰고, 2025년에는 15조 원 규모에 달한 것으로 전망된다. 이 폭발적인 성장은 단순히 하나의 산업이 팽창한 것을 넘어, 우리 삶의 방식과 도시의 풍경을 근본적으로 재편하는 동력이 되었다.

쿠팡의 '로켓프레시'가 전국적인 물류망을 기반으로 시장을 확장하고, SSG닷컴, 오아시스마켓, 네이버 등 후발주자들이 가세하면서 새벽배송은 이제 일부 소비자를 위한 프리미엄 서비스가 아닌, 이커머스의 표준 기능이 되었다. 쿠팡의 유료 멤버십 '와우' 회원 수는 2025년 기준 1,500만 명을 넘어섰고, 컬리의 누적 가입자 역시 1,300만 명에 육박한다. 전체 이용자 수는 이미 2,000만 명을 훌쩍 넘어, 사실상 경제활동인구 대부분이 새벽배송의 경험 안에 들어와 있는 셈이다. 특히 맞벌이 부부, 1인 가구, 영유아 가정에게 전날 밤 주문한 상품이 아침 현관 앞에 도착해 있는 경험은 더 이상 거부할 수 없는 일상의 일부가 되었다. 이 거대한 수요를 감당하기 위해 물류 인프라는 도시의 가장 깊숙한 곳까지 파고들어야만 했다.

물류 인프라는 본질적으로 실용적이다. MFC는 아름다울 필요가 없고, 택배 보관함은 개성을 가질 필요가 없다. 오직 효율적으로 작동하기만 하면 된다. 이것은 낭비를 줄이고 효율을 높이는 현대 도시의 작동 원리다. 하지만 도시는 단순히 효율만으로 작동하는 기계가 아니었다. 그것은 사람들이 걸으며 감각하는 '경험의 공간'이었다. 물류는 빨간 벽돌의 질감을 손으로 만지고, 카페 창가에서 커피 향을 맡고, 서점 진열대를 훑으며 책등을 읽는 '비효율적인 감각'들을 삭제했다. 그리고 오직 '기능'만을 남겼다. 과거에는 로비 디자인을 주요 고려사항으로 삼았다면, 최근에는 택배 동선도 중요한 설계 요소로 추가되었다. 도시 설계에서 '사람이 어떻게 느낄 것인가'와 함께 '물건이 어떻게 흐를 것인가'도 중요한 고려사항이 되었다. 도시에서 물류의 비중이 커진 것이다.

기억의 소멸과 새벽의 그림자

거리는 기억을 쌓는 장소다. "저 서점에서 처음 데이트했어", "저 주유소에서 내 첫 차의 기름을 넣었어". 도시의 풍경은 개인의 기억과 얽혀 하나의 '시간의 공간'을 이룬다. 하지만 서점이 배달 음식점으로, 카페가 MFC로 바뀌면 그 기억들은 어디로 가는가. 아이에게 '엄마가 여기서 처음 아빠 만났어'라고 말해주려던 꽃집이 MFC로 바뀌었을 때, 옛 기억을 어떻게 설명할 수 있을까. 물류가 물리적 공간을 잠식하면, 그곳에 깃든 기억도 함께 사라진다. 우리는 효율적 공간 활용과 기능 최적화를 얻었지만, 그 과정에서 일부 지역의 다양성과 개성 있는 풍경, 깃들어 있던 개인의 기억과 이야기가 사라지고 있다.

이 거대한 전환의 이면에는 또 다른 갈등이 자리 잡고 있다. 바로 '새벽배송 금지'를 둘러싼 사회적 논란이다. 이 논쟁은 우리가 누리는 새벽의 편리함이 누구의 희생 위에 서 있는지를 묻는, 우리 시대의 가장 첨예한 질문 중 하나다.

새벽배송 금지 논란: 누구의 새벽인가?

민주노총 택배노조는 "야간 노동은 세계보건기구(WHO)가 규정한 1급 발암 물질"이라며 노동자의 건강권 보장을 위해 자정부터 오전 6시까지의 새벽배송을 금지해야 한다고 주장한다. 이는 노동자의 수면 시간과 건강을 지키기 위한 최소한의 조치라는 입장이다. 하지만 정작 배송 현장의 목소리는 엇갈린다. 쿠팡의 직고용 배송기사 노조와 일부 위탁 택배 기사들은 "수많은 기사들의 생계를 위협하는 결정"이라며 반발한다. 한 설문조사에서는 배송 기사의 93%가 새벽배송 금지에 반대한다는 결과가 나오기도 했다. 그들에게 새벽은 교통 체증 없이 더 높은 수입을 올릴 수 있는 기회의 시간이기 때문이다. 소비자 역시 "퇴근 후 장보기가 어려운 맞벌이 부부에게는 필수 서비스"라며 편익 침해를 우려하고, 소상공인들은 핵심 판로가 막힐 것을 걱정한다.

세계 유일의 혁신, 그 빛과 그림자

한국의 새벽배송은 세계적으로도 유례를 찾기 힘든 독특한 서비스 모델로 평가받는다. 수도권에 밀집된 인구, 도심 인근에 집중된 물류센터, 그리고 단거리·고밀도 배송이 가능한 지리적 구조가 결합된 덕분이다. 특히 교통 흐름이 원활한 심야 시간은 대량 배송 처리에 최적의 환경을 제공한다. 여기에 더해, 문 앞에 놓인 택배가 좀처럼 사라지지 않는 높은 수준의 사회적 신뢰와 촘촘한 CCTV 망이라는 '보이지 않는 인프라'가 결합하여 세계에서 가장 빠른 배송 시스템을 완성했다.

반면 미국, 유럽연합(EU), 일본 등에서는 이러한 모델이 자리 잡지 못했다. 미국 아마존이나 월마트는 당일 배송을 확장하고 있지만, 높은 야간 인건비와 소음 규제, 지역별 야간 운행 제한 등으로 새벽 시간 배송은 시도조차 어렵다. EU는 강력한 운수 노동자 근로 시간 규제가 장벽이며, 일본은 편의점과 택배 보관함 문화가 발달해 굳이 새벽에 집 앞으로 상품을 받을 필요성을 느끼지 못한다. 오히려 이들 국가는 노동 규제를 강화하며 심야 근무의 위험성을 관리하는 추세다.

결국 한국의 새벽배송은 '세계 유일의 혁신'이라는 평가와 함께, 그 혁신을 지탱하기 위한 사회적 비용을 누가 부담할 것인가라는 어려운 질문을 우리에게 던지고 있다. 전문가들은 새벽배송이 중단될 경우, 소비자 편익 저하와 수만 명의 일자리 감소는 물론, 신선물류센터, 포장, 냉동·냉장 창고, IT 등 최대 30조 원 규모로 추산되는 연관 산업 생태계 전체가 붕괴할 수 있다고 경고한

다. 이는 새벽배송이 더 이상 하나의 서비스가 아니라, 수많은 산
업과 일자리가 얽힌 거대한 시스템이 되었음을 의미한다.

물류가 차지하는 공간이 늘어나면서 도시의 풍경이 변하고 있
다. 우리는 변화한 도시 안에서 산다. 효율성만으로 채워진 도시
에서 우리는 무엇을 경험하고, 기능만 남고 풍경이 사라진 거리에
서 어떤 기억을 만들 수 있을까?

도심 물류의
보이지 않는 전쟁

11.

2024년 가을, 서울 은평구의 한 신축 아파트 관리사무소를 방문했을 때의 일이다. 관리소장은 자리에 앉자마자 이렇게 말했다. "요즘 제일 민원이 많은 게 뭔지 아세요? 택배 카트요. 지하주차장에서 카트 끄는 소리가 밤 10시가 넘어도 나거든요." 배송이 편리해진 만큼, 어딘가에서는 그 소음을 감내하는 사람이 생겨났다.

이것은 도시가 배송 문명을 받아들이는 방식의 단면이다. 자율주행 로봇이 조용히 현관문 앞까지 물건을 갖다 놓는다는 미래를 이야기하기 전에, 지금 이 순간 도시의 물리적 구조가 어떻게 재편되고 있는지를 먼저 봐야 한다. 삼성물산이 '딜리'라는 로봇 배송 서비스를 도입하며 "오토바이 없는 단지"를 선언하고, 현대건설이 건설사 최초로 'D2D(Door to Door) 자율주행 로봇 배송 서비스' 상용화에 나섰으며, HDC현대산업개발 역시 AI 기술을 활용한 입주민 맞춤형 서비스를 확대하는 등, 일부 대형 건설사들은

아파트 단지는 이제 로봇과 오토바이, 택배 기사가 경쟁하는
도심 물류의 최전선이 되었다. 사진=삼성물산, 현대건설

이미 아파트를 단순한 주거 공간이 아닌 '생활물류 플랫폼'으로
재설계하는 보이지 않는 전쟁에 돌입했다.

라이프스타일 플랫폼이 된 아파트

과거 아파트의 가치가 역세권, 학군, 조망권과 같은 외부 입지
에 의해 결정되었다면, 이제 그 가치 평가는 단지 내부에서 '어떤
생활 서비스가 얼마나 편리하게 제공되는가'로 이동하고 있다. 일
부 대형 건설사들은 집을 짓는 하드웨어 기업에서 입주민의 일상
을 설계하는 서비스 플랫폼으로의 전환을 시도하고 있다. 그들이
내세우는 '프리미엄 주거 브랜드'의 핵심 경쟁력은 이제 대리석
마감재나 고급 커뮤니티 시설을 넘어, '얼마나 빠르고 편리하게
물건을 받을 수 있는가'라는 물류 편의성에 맞춰지고 있다.

자율주행 로봇 배송은 이 전쟁의 최전선에 있는 상징적 무기다.
로봇은 단지 내 안전사고의 위험을 줄이고 소음을 없애면서, 집

현관문 앞까지 비대면으로 서비스를 제공한다. 현대건설의 '디에이치' 단지에서는 로봇이 택배, 음식, 서류 등을 각 세대로 배송하고, 삼성물산의 래미안 단지에서는 로봇이 공동현관과 엘리베이터를 스스로 통과해 이동한다.

모두가 이 변화를 환영하는 것은 아니다. 일부 입주민은 낯선 기계가 복도를 오가는 것이 낯설다고 말한다. 배달 기사들 사이에서는 로봇이 점차 일자리를 잠식할 것이라는 우려가 나온다. 계단이나 예상치 못한 장애물 앞에서 무력해지는 기술적 한계도 여전하다. 현재로서는 신축 단지 일부에서만 운영되는 고비용 솔루션이기도 하다. 편리함과 불안이 같은 공간에 공존하고 있다.

시스템 안에서 아파트 단지는 하나의 거대한 물류 터미널이 된다. 단지 입구의 물품 보관소가 1차 허브(Hub)가 되고, 각 동의 로비가 2차 거점이 되며, 자율주행 로봇이 최종 목적지인 각 세대 현관문까지 상품을 운송하는 모세혈관 역할을 수행한다. 아파트는 이제 의식주의 공간을 넘어, 일하고(재택근무), 소비하고(배송), 운동하며(홈트레이닝), 문화를 즐기는(OTT) 모든 활동이 일어나는 '생활 플랫폼'이 되었다. 플랫폼이 원활하게 작동하기 위한 전제 조건이 바로 '끊김 없는 물류'다. 건설사들은 이 전제 조건을 충족시키기 위해 설계 단계에서부터 배송 차량의 동선, 하역 공간, 로봇의 이동 경로, 엘리베이터의 통신 규격까지 고려한다.

메가시티, 물류 집중의 격전지

아파트 단지 내부의 미시적인 전쟁은 도시 전체의 거시적인 구조 변화와 맞물려 있다. 국내 이커머스 물량의 90% 이상은 서울, 인천을 포함한 수도권 메가시티에 집중되어 있다. 쿠팡, 컬리, SSG닷컴과 같은 이커머스 기업들이 경기도 이천, 용인, 평택 등지에 축구장 수십 개 크기의 거대한 풀필먼트 센터(FC)를 경쟁적으로 구축한 이유다. 이 거대한 '물류의 심장'에서 뿜어져 나온 상품들은 다시 도시 곳곳에 박힌 MFC와 다크스토어라는 모세혈관을 타고 흐른다.

이러한 극단적인 물류 집중은 도시 공간을 둘러싼 새로운 형태의 전쟁을 촉발시켰다. 과거의 도시 계획이 사람의 동선과 주거, 상업, 녹지 공간의 배분에 초점을 맞췄다면, 이제 도시의 보이지 않는 이면에서는 상품의 흐름을 최적화하기 위한 공간 점유 경쟁이 치열하게 벌어지고 있다. 더 이상 도시 외곽의 넓은 땅을 차지하기 위한 경쟁이 아니다. 소비자와의 거리를 단 1분이라도 줄이기 위해, 도심의 낡은 상가 건물 지하, 문 닫은 목욕탕, 비어있는 교회 등 활용 가능한 모든 공간을 '라스트마일 기지'로 바꾸는 게릴라전에 가깝다.

얼마 전 서울 강동구의 한 아파트 단지에서 목격한 장면은 이 전쟁의 단면을 보여준다. 한때 아이들의 웃음소리가 가득했던 단지 내 상가 1층 놀이방은 유리창이 검게 선팅된 퀵커머스 업체의 다크스토어로 변해 있었다. 그 앞에는 배달 기사들의 오토바이 서너 대가 줄지어 서 있었고, 헬멧을 쓴 기사들이 쉴 새 없이 드나들며 상품을 픽업해갔다. 아이들이 사라진 자리를 상품과 오토바이가 점령한 것이다. 이것은 단순히 한 공간의 용도가 바뀐 것을 넘어, 도시 공간의 우선순위가 재편되고 있음을 보여주는 상징적인 장면이다.

속도 경쟁이 재편하는 도시 설계

새벽배송, 당일배송, 그리고 10분 내 도착을 약속하는 즉시배송의 등장은 이 보이지 않는 전쟁을 극한으로 몰아가고 있다. 속도는 물류 플랫폼의 생존을 결정하는 핵심 지표가 되었고, 이 속도를 구현하기 위해 도시의 물리적 구조는 끊임없이 시험대에 오른다. 이 전쟁에는 세 종류의 배송 주체가 참전하고 있다.

첫째, 전통적인 택배 기사들이다. 그들은 아파트 단지 내 지상 출입이 금지되면서 지하 주차장으로 내몰렸다. 어둡고 비좁은 지하에서 카트를 끌고 수많은 택배 상자를 분류하고, 각 동을 오가며 엘리베이터를 기다린다. 그들의 노동은 도시의 깔끔한 풍경 뒤에 감춰져 있다.

둘째, 플랫폼 배달 기사들이다. 그들은 1분 1초를 다투며 도로 위를 질주한다. 알고리즘이 제시하는 비현실적인 배송 시간을 맞추기 위해 신호를 무시하고 곡예 운전을 감행하며, 아파트 단지 안에서는 보행자의 안전을 위협하는 잠재적 위험 요소로 간주된다.

셋째, 새롭게 등장한 자율주행 로봇이다. 소음과 안전 문제에서 자유롭지만, 아직은 특정 신축 아파트 단지에서만 운영되는 솔루션이다. 계단이나 예상치 못한 장애물 앞에서는 무력해지는 기술적 한계를 안고 있다.

이 세 종류의 배송 주체는 각기 다른 방식으로 도시 공간을 점유하고 서로 경쟁한다. 택배 차량은 지하 주차장의 공간을, 오토바이는 도로와 골목길을, 로봇은 보도를 차지하려 한다. 이 보이지 않는 전쟁 속에서 도시의 설계 원칙은 흔들린다. 건축가는 아름다운 로비를 설계하는 대신 효율적인 택배 하역 동선을 고민해야 하고, 도시계획가는 사람을 위한 공원 부지 대신 물류 차량을 위한 주차 공간 확보를 우선순위에 두게 될지 모른다.

결국 도심 물류의 보이지 않는 전쟁은 단순히 기업 간의 시장 점유율 싸움이 아니다. 그것은 우리의 주거 환경과 도시의 풍경, 일상의 경험을 근본적으로 재편하는 거대한 힘이다. 우리는 24시간 수령 가능한 편리함을 얻었지만 이웃과 만나던 커뮤니티 공간을 잃었고, 10~30분 배송의 즉시성을 얻었지만 시스템이 멈추면 마비되는 취약성을 갖게 되었다. 양면을 동시에 보는 것, 그것이 이 창고 도시를 살아가는 우리의 자세다.

당신의 아파트 1층에서는 지금 무슨 일이 벌어지고 있는가.오늘 당신이 받은 택배 상자는 몇 개인가. 그 편리함을 설계한 것은 누구인가. 당신인가, 플랫폼인가.

이 질문은 PART 2를 마무리하며 우리가 마주해야 할 과제다. 이제 PART 3에서는 우리의 시선을 내면으로 돌려보겠다. 우리가 클릭 버튼을 누르는 그 순간, 우리 안에서 무슨 일이 일어나는지. 소비는 어떻게 감정 안정 장치가 되었는지, 그 심리적 메커니즘을 탐구할 것이다.

HOMO DELIVERICUS

감정을 배송하다:
불안은 오늘 도착합니다

PART 03

우리는 왜
기다릴 수 없게 되었는가

12.

배달앱을 쓰다 보면 어느 순간 '45분'이라는 숫자가 불편하게 느껴지기 시작한다. 처음에는 그러지 않았는데. 한국소비자원 조사에서 이커머스·배달앱 이용자의 60.6%가 '배송 지연'을 가장 큰 불만으로 꼽았다는 결과는, 이 감각이 나만의 것이 아님을 말해준다.

스스로에게 묻게 되는 순간이 온다. 나는 언제부터 45분을 기다리지 못하는 사람이 되었을까.

'느림'이 결함이 된 시대

배달앱이 등장하기 전, 음식 주문의 기준 대기 시간은 1시간 안 팎이었다. 불만이 없지는 않았지만, 기다림 자체를 '시스템의 오류'라고 여기는 사람은 드물었다. 음식이 1시간 안에 도착하면 "빨리 왔네"라며 반가워했다.

배송 시스템은 우리의 인내심을 분 단위로 쪼개 놓았다.
이제 기다림은 고통이 아니라 시스템의 결함으로 인식된다.
사진=AI 이미지 생성

지금은 다르다. 앱으로 주문하며 '45분'이라는 숫자에 조바심을 낸다. 기다림은 더 이상 당연한 과정이 아니라, 시스템의 '결함' 혹은 '무능'으로 인식된다. 30분 배송, 새벽배송, 실시간 위치 추적. 모든 기술은 우리의 인내심을 한 자릿수 분 단위로 잘게 쪼개놓았다. 이제 느린 것은 단순히 불편한 것이 아니라, 경쟁에서 뒤처진 시스템의 오작동으로 간주된다.

이러한 인식의 변화는 거대한 산업의 성장과 궤를 같이한다. 국가데이터처 「온라인 쇼핑 동향 조사」에 따르면, 2025년 음식 배달 앱 거래액은 40조 원에 달했으며, 음·식료품 거래액은 29조 8천억 원을 기록했다. 쿠팡, 컬리, SSG닷컴 등 주요 업체를 통해 즉시 배송 서비스를 이용하는 고객은 우리나라 인구의 절반에 달한다. 이는 단순히 새로운 서비스가 추가된 것이 아니라, 우리 사회의 시간 감각 자체가 재편되었음을 의미한다.

시간의 해방과 인내의 퇴화

물론 이 변화가 가져온 가치는 명백하다. 한밤중 아이의 분유가 갑자기 떨어졌을 때 10분 만에 문 앞으로 배달받는 경험은 단순한 편리함을 넘어 '구원'에 가깝다. 급한 순간에 시간을 절약하고 문제를 해결해주는 이 시스템은 분명한 진보다. 맞벌이 부부나 1인 가구에게 전날 밤 주문한 신선식품이 아침 식탁에 오르는 경험은 이제 선택이 아닌 필수 생활 서비스로 자리 잡았다.

그러나 시간의 해방이라는 이면에는 우리가 치르는 대가가 있다. 인내심은 근육과 같아서 훈련되지 않으면 약해진다. 즉시성에 익숙해질수록 기다림을 견디는 능력은 퇴화한다. 기다림은 단순히 시간이 흐르는 것을 지켜보는 수동적 행위가 아니었다. 그것은 나를 둘러싼 세계와 호흡을 맞추는 과정이었고, 내 욕망의 크기를 가늠해보는 성찰의 시간이었다. 이제 그 자리를 채운 것은 '알고리즘의 알림음'과 '실시간 배송 조회 화면'뿐이다.

기다림의 게임화: 정지된 불안의 탄생

독일의 사회학자 하르트무트 로자(Hartmut Rosa)는 현대 사회를 '사회적 가속(Social Acceleration)'이라는 개념으로 설명한다. 기술이 발전해 시간을 절약할수록, 우리는 역설적으로 더 시간이 없다고 느끼게 된다는 것이다. 물류 시스템이 1시간의 대기 시간을 30분으로 줄여주었을 때, 우리에게 남은 30분의 여백은 안식으로 채워지지 않는다. 대신 그 빈자리에는 또 다른 '즉각적인 요구'들이 쉴 새 없이 들어찬다.

기다림이라는 정지 상태를 견디지 못하게 된 뇌는, 찰나의 공백조차 '지루함'이나 '불안'으로 인지하기 시작한다. 우리가 배달 기사의 위치를 지도 위에서 실시간으로 확인하며 새로고침 버튼을 누르는 이유는 무엇일까? 물건이 급해서가 아니다. '내 통제 밖의 시간'을 단 1초도 견딜 수 없기 때문이다. 과거 우리는 주문 후 초인종이 울릴 때까지 통제 불가능한 시간을 견뎠다. 오늘날 우리는 주문 직후부터 도착 직전까지 추적 화면을 들여다보며 1초의 불확실성도 용납하지 못한다. 기다림은 이제 '참는 시간'이 아니라, 지도 위의 점이 움직이는 것을 지켜보는 '불안한 게임'이 되었다. 우리는 시간을 통제하고 있다는 착각 속에서, 오히려 시간에 대한 불안감만 키우고 있는 셈이다.

한국소비자원 조사 결과에 따르면, 이커머스나 퀵커머스 등 배달앱 이용 중 가장 큰 불만을 경험한 유형을 보면 '배송 지연'이 60.6%로 가장 높았다. 뒤이어 '상품파손'이 32.8%, '배송 누락'이 18.7% 순으로 나타났다. 10분의 실제 지연이 30분 이상으로 느껴지는 '체감 시간의 왜곡' 현상도 나타난다. 우리의 감정이 객관적 시간의 흐름이 아닌, 시스템이 약속한 속도에 종속된 것이다.

기다림이 가르쳐준 것들

우리는 기다림을 삭제하며 많은 것을 얻었지만, 동시에 중요한 인간적 능력을 잃어가고 있다. 그중 하나는 '계획의 감각'이다. 과거에는 "내일 아침에 우유가 필요해"라고 생각하면 오늘 저녁 마트에 들러 미리 사두는 계획을 세웠다. 하지만 지금은 "내일 아침에 주문하면 되지"라고 생각한다. "필요하면 지금 바로"라는 명제 아래, 우리의 삶은 긴 호흡의 계획 대신 짧은 호흡의 '반사적 대응'으로 채워진다.

더 근본적인 상실은 '인내의 근육'이 퇴화했다는 점이다. 기다림은 욕망을 지연시키는 훈련이었다. 원하는 것을 주문하고 기다리는 동안 기대감은 증폭되었고, 마침내 손에 넣었을 때 그 가치를 온전히 음미할 수 있었다. 기다림은 즐거움의 일부였다. 하지만 즉시성이 기본값이 된 세상에서 욕망과 충족 사이의 간극은 사라졌다. 이제 소비는 미학적 즐거움이 아니라, 신속하게 처리해야 할 '체크리스트'의 항목처럼 변해버렸다.

이러한 변화는 우리에게 시간 절약과 효율성, 물리적 제약으로 부터의 해방이라는 명백한 가치를 주었다. 맞벌이 부부, 노인, 장애인 등에게 즉시성은 새로운 자유를 선사했다. 그러나 그 과정에서 우리는 기다림을 견디는 심리적 능력을 잃었고, 장기적 계획보다 즉각적 대응에 익숙해졌으며, 기다림이라는 '비어 있는 시간'이 주는 성찰의 기회마저 잃어가고 있다.

당신은 마지막으로 언제 한 시간을 '그냥' 기다려본 적이 있는가? 추적하지 않고, 새로 고치지 않고, 그저 기다렸던 적이. 당신에게 남은 인내의 근육은 얼마나 되는가?

즉시성은 편리함이 아니라 불안의 해법이다 13.

배달앱 리뷰를 살펴보다 보면 반복적으로 등장하는 후기가 있다. '별로 급하지도 않았는데 그냥 시켰어요.' '불안해서 주문했는데 막상 받고 나니 별로 먹고 싶지 않더라고요.' 이 후기들에서 발견되는 공통점은 하나다. 주문의 이유가 '배고픔'이 아니라는 것.

배달앱은 음식을 파는 플랫폼이 아닌지도 모른다. 그것은 결핍이 주는 불안을 즉시 해소해주는 심리적 서비스다. 결제 버튼을 누르는 순간 마음이 차분해지는 경험을 해본 사람이라면, 이 말의 의미를 안다.

'결핍'이라는 공포를 지우는 기술

배달앱의 '최소 주문 금액' 설계는 이 심리를 정교하게 활용한다. 3,000원짜리 과자 하나를 사려다 15,000원을 채우기 위해 필요하지 않은 물건을 추가로 담는 경험은 배달앱 이용자라면 한 번

팬트리를 열었다. 먹고 싶은 과자가 없다. 배달 앱을 열었다.

쯤 해봤을 것이다. 원래 목적이 과자였던 장바구니가 냉동 만두, 음료수, 주방 세제로 채워지는 순간, 소비의 주도권이 나에게서 플랫폼으로 넘어간 것이다. 그럼에도 결제 버튼을 누르고 나면 신기하게도 마음이 안정된다.

당신이 산 것은 과자가 아니었다. 그것은 망가진 하루의 끝을 복원할 수 있다는 '확신'이었고, 플랫폼이 강제한 고민의 과정에서 벗어나는 '해방감'이었으며, 결핍이 주는 불안을 즉시 해결했다는 '안도감'이었다.

과거의 인류에게 결핍은 일상이었다. 물건이 떨어지면 시장이

열리는 날을 기다려야 했고, 가게가 문을 닫으면 내일 아침을 기약해야 했다. 기다림은 분명 불편했지만, 그것이 곧바로 실존적 불안으로 이어지지는 않았다. '지금 당장 할 수 있는 게 없다'는 사실을 모두가 자연스럽게 수용했기 때문이다.

기술은 우리에게 '즉시성'이라는 마법을 선사했다. 이제 결핍은 더 이상 수용의 대상이 아니다. 그것은 즉시 제거해야 할 '오답'이자, 시스템의 '결함'이며, 견딜 수 없는 '공백'이 되었다. 즉시성은 이제 단순히 편리함의 영역을 넘어, 현대인의 실존적 불안을 치유하는 강력한 심리적 해법으로 작동하고 있다. 우리는 물건을 사는 것이 아니라, 결핍이 주는 불안으로부터 벗어날 권리를 구매한다.

결핍에 대한 인식과 대응 방식의 변화

구분	전통적 대응 (여전히 존재)	즉시성 중심 대응 (비중 확대)
인식	자연스러운 일, 수용 가능	빨리 해결해야 할 문제
감정	약간의 불편함	불안, 조바심
대응	기다림, 계획적 해결	즉시 주문, 빠른 해결 추구

해방과 의존의 양날의 검

휴지가 한 롤 정도 남았을 때 어떻게 반응하는지는 사람마다 다르다. 마트에 갈 때까지 기다리는 사람이 있는가 하면, 즉시 앱을 열어 주문하는 사람도 있다. 물류 컨설팅 현장에서 만난 한 30대

직장인은 이렇게 말했다. "편하려고 쓰는 건데, 가끔은 없으면 어떡하지 하는 생각에 안 필요한데도 주문하게 돼요."

같은 행동을 두고 한 번은 '해방'으로, 다른 한 번은 '불안'으로 묘사한다. 이 역설 속에 즉시성의 본질이 숨어있다. 즉시성은 불안을 해소해주었다. 그러나 동시에 우리를 더 작은 불안에도 쉽게 흔들리는 존재로 만들었다. 우리는 결핍의 공포로부터 해방되었지만, 이를 유지하기 위해 시스템에 더욱 깊이 의존하게 되었다.

심리적 안도감의 작동 방식: 불안의 루프

심리학 연구에 따르면 인간의 뇌는 물리적 획득보다 '통제 가능성 확보'에 더 강하게 반응한다. 주문 완료 알림이 실제 배송보다 더 큰 안도감을 주는 이유다. 시스템이 나의 결핍을 인지했고 해결 프로세스가 가동되었다는 사실만으로도 뇌는 상황을 '통제 가능'한 상태로 분류하고 심리적 평온을 되찾는다.

이 과정은 명확한 3단계 루프를 형성한다. 첫째, "과자가 없다. 나의 휴식이 망가질 것이다"라는 불안이 발생한다. 둘째, 클릭 한 번으로 시스템에 문제 해결의 통제권을 위임하는 행동을 취한다. 셋째, "30분 뒤면 해결된다"는 확신과 함께 물리적 해결이 이루어지기 전에 이미 심리적 안심 상태에 도달한다. 이 '불안-행동-안심'의 루프가 반복되면서, 우리는 이 과정 자체에 중독된다.

우리는 배고파서 음식을 시키는 것이 아니라, 배고플지도 모른다는 불안을 미리 차단하기 위해 앱을 켠다. 소비는 더 이상 욕구의 충족 행위가 아니라, 불안을 막아주는 심리적 방어기제가 되었다. 우리는 물건을 통해 필요를 채우는 것이 아니라, 주문 행위를 통해 안도감을 구매하는 것이다.

회복 탄력성의 퇴화

역설적이게도 즉시성이 강화될수록 우리는 더 취약해진다. 30분 배송에 익숙해진 사람은 1시간의 지연을 견디지 못하고, 하루의 기다림은 상상조차 할 수 없는 고통이 된다. 시스템의 속도가 빨라질수록 우리의 인내심 임계치는 낮아지고, 작은 변수에도 쉽게 불안의 늪에 빠진다.

과거에는 휴지가 한 롤 정도 남으면 마트에 갈 일정을 잡으며 결핍을 견디는 힘을 길렀다. 하지만 지금은 휴지가 더 많이 남아 있어도 즉시 주문하며 결핍을 경험할 기회 자체를 박탈당한다. 배송 시스템이 완벽해질수록, 우리는 시스템 없이는 단 한 순간의 불편도 스스로 해결하지 못하는 존재가 되어가고 있다.

불안을 잠재우는 문명의 거래

이러한 현상을 두고 '중독'이라 비난하거나 '퇴보'라고 한탄할 필요는 없다. 이것은 그저 우리가 더 나은 삶, 더 안전한 삶을 갈

구하며 만들어온 문명의 한 단면일 뿐이다. 우리는 불안을 이기기 위해 속도를 선택했고, 그 속도는 다시 우리에게 새로운 형태의 평온을 가져다주었다. 결핍의 해소, 심리적 안정, 예방적 대응이라는 가치를 얻었다.

다만 그 과정에서 우리는 회복 탄력성, 사유의 시간, 자립 능력이라는 또 다른 가치를 잃어가고 있음을 자각해야 한다. 우리가 주문하는 수많은 물건 뒤에, '불안을 잠재우고 싶어 하는 나'의 모습이 투영되어 있다는 사실을 아는 것. 그것이 이 시대를 살아가는 우리에게 필요한 냉철한 시선이다.

당신은 마지막으로 언제 물건이 떨어진 채로 하루를 보낸 적이 있는가? 과자 없이, 휴지 한 롤로, 바닥에 약간 남아있는 샴푸로. 그 불편함을 견디며 하루를 보낸 적이 있는가. 당신은 아직, 결핍을 견딜 수 있는가?

퀵커머스 중독, 도파민 경제의 탄생

14.

"언제부터 매일 주문하게 되었을까."

퀵커머스 업체들이 공통적으로 확인하는 주문 피크 시간대가 있다. 오후 2~4시, 그리고 밤 9~11시. 배고픔의 피크 시간이 아니다. '나른함'과 '심심함'의 피크 시간이다. 실제로 배달앱 이용자를 대상으로 한 설문에서 '배고프지 않아도 주문한 경험이 있다'는 응답이 절반을 넘었다. 배달앱은 음식 주문 앱이 아니라 감정 조절 앱으로 진화하고 있다. 정말 커피가 필요한 것일까, 아니면 '주문 완료'의 순간이 필요한 것일까.

혁신의 양면성: 가벼워진 삶, 무거워진 의존

퀵커머스는 의심할 여지 없이 현대 도시인의 삶을 극적으로 변화시킨 유통 혁신이다. 과거에는 일주일치 식료품을 미리 계획하고, 주말 시간을 쪼개 마트에서 장을 본 뒤 무거운 짐을 들고 집에

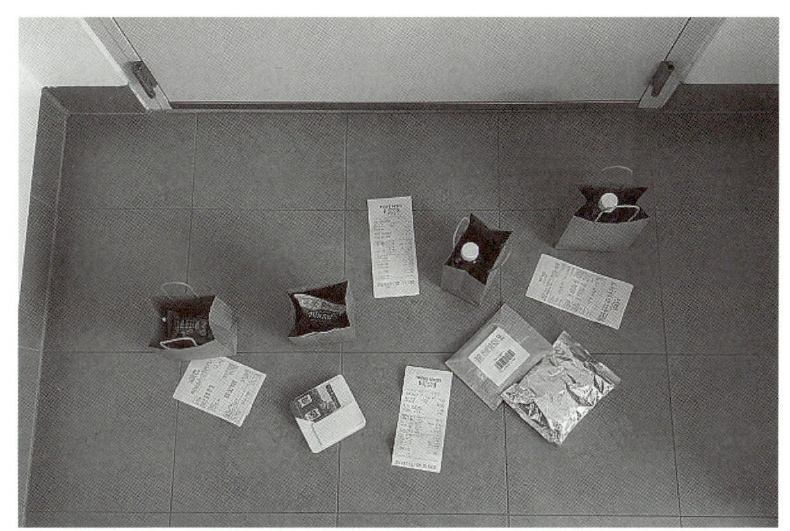

우리가 주문하는 것은 음식이 아니라, 주문 완료의 순간에 분비되는
도파민일지도 모른다. 사진=AI 이미지 생성

돌아와야 했다. 이제는 필요가 발생하는 바로 그 순간, 손가락 몇 번의 움직임으로 10분에서 30분 안에 문 앞으로 모든 것을 호출할 수 있게 되었다. 2025년 음식서비스(배달음식)와 음·식료품의 온라인 거래액은 합산 70조 원에 육박하며 우리 삶의 필수적인 소비 채널로 자리 잡았다.

이 눈부신 혁신의 이면에는 다른 목소리가 존재한다. 물류 업계 종사자들과 나눈 대화에서 반복적으로 등장하는 표현이 있다. "요즘 주문은 배고플 때 하는 게 아니에요. 심심하거나 스트레스 받을 때 하는 거예요." 퀵커머스는 단순히 필요를 채우는 수단을 넘어, 현대인의 감정을 조절하는 강력한 기제로 작동하기 시작했다. 우리는 지금 유통 혁신의 최첨단을 누리는 것일까, 아니면 정교하게 설계된 심리적 보상 시스템의 포로가 되어가는 것일까.

도파민 루프의 해부: 우리는 무엇을 구매하는가

신경과학자 로버트 사폴스키(Robert Sapolsky)의 연구에 따르면, 도파민은 보상을 받을 때보다 보상을 기대할 때 더 강하게 분비된다. '주문 완료' 알림이 실제 음식 도착보다 더 강한 쾌감을 주는 이유가 여기에 있다. 우리의 뇌는 미래의 보상을 현재의 안도감으로 미리 당겨쓰는 것이다.

이 짧고 강력한 순환 고리는 우리의 무의식을 파고들어 행동을 자동화한다.

퀵커머스 중독을 부르는 '도파민 루프'의 4단계

단계	명칭	심리적 과정
1단계	신호 (Trigger)	오후의 나른함, 저녁의 적막함, '뭔가 부족하다'는 막연한 결핍감
2단계	행동 (Action)	반사적으로 앱을 열고 스크롤. 무엇을 살지 몰라도 결제 버튼을 누른다
3단계	기대 (Anticipation)	'주문 완료. 10분 뒤 도착' 이 순간 이미 심리적 안도가 시작된다
4단계	보상 (Reward)	배송 완료 알림. 이 물리적 보상이 다음 반복을 뇌에 각인시킨다

도파민 순환이 짧게 반복될수록, 우리의 뇌는 이 경로를 가장 효율적인 생존 방식으로 학습한다. 문제는 이 도파민 체계가 가진 '내성'이다. 처음 10분 배송을 경험했을 때의 경이로움은 수십, 수백 번을 반복하면서 당연한 권리가 된다. 더 강한 자극, 더 빠른 배송, 더 빈번한 주문을 통해 뇌는 찰나의 안도감을 유지하려 한다. 우리가 꼭 필요하지 않은 물건까지 습관적으로 주문하는 이유는, 물건이 탐나서가 아니라 '클릭과 수령 사이의 쾌감'을 잃지 않기 위해서다. 소비는 필요의 충족 행위에서, 도파민을 얻기 위한 의식으로 변모한다.

우리 거실의 '쥐 공원': 안락한 고립이 부르는 주문

심리학자 브루스 알렉산더(Bruce K. Alexander)의 유명한 '쥐 공원(Rat Park)' 실험은 중독이 단순히 약물 자체의 문제가 아니라 '환경'의 문제임을 시사한다. 좁고 외로운 철창에 고립된 쥐는 마약이 섞인 물에 탐닉했지만, 친구들과 어울려 놀 거리가 풍부한 '쥐 공원'의 쥐들은 마약에 관심을 두지 않았다. 중독의 본질은 자극이 아니라 고립에 있다.

물론 배송 문명이 모든 사람을 고립으로 이끄는 것은 아니다. 절약된 시간을 사람들과의 만남에 쓰는 이들도 있다. 다만 혼자 사는 1인 가구, 육아 중인 부모, 이동이 어려운 고령자에게 배송은 외출의 필요성을 줄이는 동시에 우연한 만남의 기회도 함께 줄이는 경향이 있다. 이 안락한 고립 속에서 발생하는 미세한 공허함을 달래기 위해 우리는 가장 손쉬운 자극인 결제 버튼에 손을 올린다.

우리가 주문하는 것은 단순히 아이스 아메리카노 한 잔이 아니다. 그것은 고립된 환경 속에서 잠시나마 세상과 연결되어 있다는 감각이며, 통제 불가능한 현실 속에서 유일하게 내 마음대로 조종할 수 있는 작은 세계에 대한 확인이다. 클릭 한 번으로 거대한 물류 시스템을 움직이고, 10분 안에 결과를 손에 쥐는 경험은 무력한 개인에게 강력한 통제감을 선사하는, 달콤하지만 위험한 위안이다.

무엇을 얻고 무엇을 잃었는가

이 현상을 '현대병'이라 비난하며 스마트폰을 던져버리자는 뜻이 아니다. 퀵커머스는 이미 우리 문명의 떼어낼 수 없는 장기가 되었다. 그것이 주는 시간 효율성, 공간의 자유, 선택의 확장은 분명 우리 삶을 윤택하게 만든다. 이에 반해 우리는 계획하는 능력, 사회적 연결의 깊이, 불편을 감내하는 자율성을 조금씩 시스템에 저당 잡히고 있다.

우리가 자각해야 할 것은, 매일 누르는 그 버튼이 단순한 쇼핑 행위가 아니라 내 안의 불안과 고립을 달래는 '심리적 진정제'로 기능하고 있다는 사실이다. 우리는 지금 무엇을 주문하고 있는 가? 배고픔을 채울 샌드위치인가, 아니면 10분간의 짧은 위안과 활력인가. 이 질문에 대한 답을 찾는 과정 속에서, 우리는 비로소 시스템의 사용자와 포로 사이의 위태로운 경계선 위에 서 있는 우리 자신을 발견하게 될 것이다.

당신은 오늘 몇 번이나 쇼핑 앱을 열었는가? 그중 몇 번이 정말 '필요'해서였는가, 그리고 몇 번이 그저 '심심'해서였는가?

장바구니에 담긴 것은
물건이 아니라 결핍이다

15.

"비우기 위해서 채운다."

그날 밤 나의 장바구니에는 무려 열두 개의 항목이 담겨 있었다. 당장 내일 아침 식탁에 오를 우유 두 팩과 계란 한 판. 지난주부터 망설이던 탈모 방지 샴푸와 한 달 넘게 목록을 지키고 있는 기능성 양말 세 켤레. 언젠가 지적인 대화를 나누는 나를 상상하며 담아둔 베스트셀러 두 권과 고된 하루에 대한 보상이라며 스스로에게 허락한 수입 스낵 세 봉지까지.

가만히 목록을 훑어보니 묘한 기분이 들었다. 나는 이것들을 왜 담았을까? 우유는 명백한 필요였다. 하지만 책장에는 읽지 않은 책들이 먼지를 뒤집어쓴 채 나를 기다리고 있는데, 왜 또 새로운 책을 담은 것일까.

장바구니는 구매를 위한 목록이 아니라, 결핍과 욕망을 잠시 보관하는
감정의 저장소다. 사진=우아한청년들

결국 그날 밤, 나는 열두 개의 항목 중 다섯 개만을 결제했다.
나머지 일곱 개는 여전히 장바구니 안에 남겨둔 채 잠이 들었다.
그 순간 문득 깨달았다. 장바구니는 물건을 사기 위한 예비 단계
가 아니라, 내 마음의 결핍과 욕망을 잠시 보관해두는 '감정의 저
장소'였다는 사실을.

장바구니, 현대인의 감정 저장소

장바구니는 더 이상 합리적 소비를 위한 도구가 아니다. 글로벌
전자상거래 솔루션 기업 베이마드 연구소(Baymard Institute)의
분석에 따르면, 온라인 쇼핑몰의 장바구니 포기율은 평균 70%에
육박한다. 장바구니에 담긴 상품 10개 중 7개가 실제 구매로 이어

지지 않는다는 의미다.

실제로 내 장바구니에는 3개월이 넘은 항목이 있다. 살 생각이 없으면서도 비우지 못하는 것들이다. 비우면 무언가를 포기하는 것 같은 기분이 드는 탓이다. 장바구니는 '나도 무언가 계획하고 준비하는 사람'이라는 안도감을 준다.

우리는 장바구니를 구매 효율을 높여주는 합리적 도구라고 믿는다. 하지만 현실의 장바구니는 그보다 훨씬 복잡하고 감정적인 공간으로 작동한다. 우리는 종종 물건이 필요해서가 아니라, '필요하다고 느끼는 그 순간의 감정'을 붙잡아두기 위해 장바구니를 사용한다. 샴푸를 보는 순간 밀려오는 '곧 떨어질지 모른다'는 미세한 불안, 감각적인 디자인의 운동복을 보며 떠올린 건강하고 활기찬 삶에 대한 갈망, 베스트셀러 목록의 책을 담으며 투사한 '지적인 나'에 대한 기대. 우리는 물건을 담는 것이 아니라, 물건이 해결해줄 것 같은 환상적인 감정들을 장바구니에 차곡차곡 쌓아 올리고 있는 것이다.

소유하지 않고 소유하는 법: 상징적 소비

프랑스의 사상가 장 보드리야르(Jean Baudrillard)는 『소비의 사회』에서 현대인은 물건의 '사용가치'가 아니라 그 물건이 상징하는 '기호'를 소비한다고 말했다. 그가 이 통찰을 제시했을 때는 백화점과 카탈로그의 시대였다. 반세기가 지난 지금, 소비 무대는 24시간 열려있는 디지털 장바구니로 바뀌었다. 기호 소비의 속도와 규모가 달라졌을 뿐, 본질은 그대로다.

장바구니에 열두 개의 항목이 담겨 있다고 가정하자. 실제 소유한 것은 0개지만 상징적으로는 열두 개를 모두 소유한 셈이다. "나는 곧 건강해질 것이다(영양제)." "나는 더 나은 취미를 가질 것이다(가죽공예 키트)." "나는 자기계발을 게을리하지 않을 것이다(온라인 강의)." 장바구니는 '더 나은 미래의 나'를 향한 약속의 목록이 된다. 그래서 실제로 결제하지 않아도 마음이 넉넉해지는 기이한 위안을 얻는다. 우리가 장바구니를 쉽사리 비우지 못하는 이유는, 비워지는 순간 그 안에 기대어 있던 나의 심리적 방어막도 함께 사라질 것 같다는 무의식적인 공포 때문일지 모른다.

이러한 현상은 특히 패션 플랫폼에서 두드러진다. 무신사, 지그재그, 에이블리 같은 앱들은 단순히 상품을 담는 것을 넘어 '코디 저장', '좋아요 폴더' 등 다양한 이름으로 위시리스트 기능을 고도화했다. 사용자들은 수십, 수백 개의 상품을 폴더별로 정리하며 자신만의 디지털 옷장을 만든다. 실제로 구매하지 않아도, 그 옷들을 조합하며 스타일링을 구상하는 과정 자체가 하나의 놀이이자 만족감을 주는 행위가 된 것이다.

당신의 장바구니는 무엇을 말하는가: 감정의 퇴적층

지금 당신의 장바구니를 열어보라. 그 목록은 곧 당신의 현재 심리 상태를 보여주는 내밀한 지도와 같다.

담겨 있는 항목들은 대체로 네 가지 감정의 흔적으로 나뉜다. 하나는 불안의 저장소다. 휴지 12롤, 샴푸 3개처럼 과도하게 담아둔 생필품은 결핍에 대한 공포를 통제하려는 마음의 발현이다. 또 하나는 외로움의 저장소다. 밤늦은 시간 스크롤하다 담게 되는 화려한 옷과 액세서리는 새벽의 공허함을 달래기 위한 임시 처방전이다. 세 번째는 기대의 저장소다. 운동기구, 자기계발서, 온라인 강의를 담으며 구매하는 순간 변신할 수 있을 것이라는 미래에 투자한다. 마지막은 자기 위로의 저장소다. 달콤한 디저트, 향긋한 와인, 아늑한 향초는 고된 하루를 보낸 나 자신에게 건네는 "수고했어"라는 말이다.

특히 장바구니에 담았다 뺐다를 반복하는 그 물건들은 우리 내면에서 여전히 해결되지 못한 갈등의 흔적이다. 책을 장바구니에 담으면 벌써 다 읽은 것 같은 기분이 든다. 계속 담아두지만, 정작 사서 읽지는 않는다. 담는 행위 자체가 위안이 되기 때문이다. 책을 담는 행위가 독서라는 실제 행위를 대체하고, 운동기구를 담는 것이 운동을 했다는 착각을 불러일으킨다. 우리는 행동 없이 만족감을 얻는 기묘한 시대에 살고 있다.

가능성의 낙원, 행동의 지옥

장바구니는 우리에게 계획의 도구, 비교의 기회, 통제감을 주었다. 무한한 선택지 속에서 무엇이든 가질 수 있다는 가능성의 낙원을 선사했다. 하지만 그 낙원의 이면에는 어두운 그림자가 존재한다. 우리는 장바구니를 채우는 행위가 마음을 채우는 것이라 착각하며, 실제 행동을 뒤로 미룬다. 장바구니 속 상품이 12개에서 30개, 100개로 늘어날수록 우리의 불안과 고립감은 비례해서 해소되지 않는다. 오히려 선택지가 너무 많아 결정을 내리지 못하는 '선택의 역설'에 빠져 불안이 증폭되고, 불안을 해소하기 위해 더 많은 상품을 담는 악순환에 갇히게 된다.

물류 시스템은 우리에게 '즉시성'과 '무한한 선택지'를 제공하며 장바구니를 더 크게 키우라고 유혹한다. 하지만 정작 장바구니에 담긴 감정의 무게를 덜어주지는 못한다. 장바구니는 이제 합리적 소비의 관문이 아니라, 배송 문명이라는 거대한 시스템 안에서 파편화된 현대인이 자신의 감정을 임시로 매립하는 장소가 되었다.

당신의 장바구니에는 지금 몇 개의 항목이 있는가? 그 중 정말로 필요한 것은 몇 개이며, 나머지는 어떤 해결되지 못한 감정을 담고 있는가?

클릭, 구매가 아닌 안심의 제스처 16.

결제 버튼을 누르는 데 걸리는 시간은 얼마나 될까. 이커머스 업계에서 공통적으로 관찰되는 현상은, 소비자가 상품을 보고 결제까지 완료하는 '숙고의 시간'이 간편 결제와 AI 추천의 확산으로 극적으로 단축되었다는 것이다. 신호등이 바뀌기를 기다리는 시간보다 짧아진 그 찰나 안에, 우리는 무엇을 사는가.

나는 무엇을 산 것일까. 우유와 샴푸, 책과 스낵이었을까. 아니면 잠시 동안의 '심리적 평온'이었을까.

통제라는 이름의 환상

우리가 쇼핑 앱에 중독되는 이유 중 하나는 그것이 주는 강력한 '통제감' 때문이다. 현실 세계는 내 마음대로 되지 않는다. 업무는 예측 불가능하게 쌓이고, 관계는 사소한 오해로 삐걱거리며, 미래는 한 치 앞을 내다볼 수 없는 안갯속이다. 하지만 배달 앱이라는 작은 사각의 세계 안에서만큼은 다르다. 내가 누르면 온다. 내가 선택하면 즉시 반응한다. 터치 한 번에 모든 결핍이 해결된다. 찰나의 순간, 나는 이 거대한 물류 네트워크의 지휘자라도 된 것 같은 전능감에 휩싸인다.

나 역시 구매하고 나서야 '이걸 왜 샀지?'라고 생각한 적이 한두 번이 아니다. 그 순간만큼은 손가락이 먼저였고 머리는 나중이었다. 누르지 않으면 뭔가 불완전한 것 같고, 누르면 비로소 뭔가 해결된 것 같은 그 감각. 터치가 구매가 아니라 불안을 잠재우는 심리적 의식(Ritual)이 된 것이다.

결제 버튼을 누르는 순간, 우리는 물건이 아니라 '안심'을 구매한다.
사진=AI 이미지 생성

통제감이 주는 역설은 너무나 명백하다. 우리가 클릭을 통해 얻는 통제감에 의존할수록, 우리의 실제 삶에 대한 통제권은 시스템으로 넘어간다. 시스템 없이는 아침 식사조차 준비하지 못하고, 시스템의 알림 없이는 내 욕망이 무엇인지조차 알지 못하는 상태. 우리는 통제권을 얻기 위해 클릭하지만, 결과적으로는 시스템에 삶의 주도권을 저당 잡히고 있다. 행동경제학자들은 이를 두고 '통제의 환상'이라 부른다. 알고리즘이 정교하게 설계한 선택지 안에서만 움직이는 제한된 자유. 우리는 자유롭다고 느끼지만, 사실은 시스템이 허락한 범위 안에서만 자유로울 뿐이다.

숙고의 증발, 반사의 시대

터치는 정말 충동적인 행위일까? 숫자는 그렇다고 말한다. 과거에는 '이게 정말 필요한가?', '더 나은 대안은 없을까?', '내 예산에 맞는가?'와 같은 질문을 던지는 숙고의 시간이 존재했다. 하지만 이제 그 시간은 증발하고, '본다-누른다-결제된다'는 반사적인 과정만 남았다. 생각할 시간이 사라진 것이 아니라, 시스템이 내가 생각할 틈을 주지 않도록 설계된 것이다.

이러한 '숙고의 증발' 현상은 여러 기술적, 심리적 요인이 복합적으로 작용한 결과다. 첫째, 간편 결제 시스템의 확산이 결정적 역할을 했다. 지문 인식이나 비밀번호 입력만으로 결제가 완료되는 시스템은 현금을 세거나 카드를 꺼내는 물리적 행위에서 비롯

되는 '지불의 고통(Pain of Paying)'을 마비시킨다. 결제 과정이 매끄러워질수록, 우리는 돈을 쓰는 행위를 실제 지출로 인식하지 못하고 충동적 결정을 내릴 가능성이 높아진다.

둘째, 모바일 중심의 쇼핑 환경 최적화다. 2025년 기준, 전체 이커머스 트래픽의 78%가 모바일에서 발생한다. 구글의 분석에 따르면 웹사이트 로딩 속도가 단 1초만 빨라져도 모바일 사용자 전환율이 최대 27%까지 증가할 수 있다. 이 때문에 이커머스 기업들은 결제 단계를 최소화하고 마찰을 줄이는 데 사활을 건다. 베이마드 연구소의 2025년 데이터에 따르면, 온라인 쇼핑객의 18%는 결제 과정이 너무 길거나 복잡하다고 느낄 때 장바구니를 포기한다. 시스템은 우리의 인내심이 바닥나기 전에 결제를 완료시키도록 진화했다.

셋째, AI 기반 추천 알고리즘이다. AI는 사용자의 과거 구매 이력, 검색 기록, 페이지 체류 시간 등을 분석하여 구매 확률이 높은 상품을 전면에 노출한다. 우리는 수많은 상품의 바다를 탐험한다고 믿지만, 실제로는 AI가 좁혀 놓은 몇 가지 선택지 안에서 '확인' 버튼을 누르는 것에 가깝다. AI 추천을 경험한 이용자의 구매 전환율이 일반 검색 결과보다 50% 이상 높다는 네이버의 자체 분석은, 이러한 시스템의 설득력을 명확히 보여준다.

간편 결제, 모바일 최적화, AI 추천이라는 세 개의 엔진이 결합하여, 우리의 소비를 '숙고'의 영역에서 '반사'의 영역으로 이동시켰다. 우리는 더 이상 깊이 고민하는 소비자가 아니라, 시스템이 설계한 경로에 가장 효율적으로 반응하는 사용자가 되어가고 있다.

파블로프의 개, 그리고 우리

심리학자 파블로프의 실험 속 개가 종소리만 들어도 침을 흘렸듯, 우리 역시 배송 시스템에 의해 조건화(Conditioned)되었다. '뭔가 부족하다'는 미세한 불안이 자극이 되고, 스마트폰을 집어드는 행동이 반응이 되며, '배송 예정' 알림이 보상으로 돌아온다. 자극-반응-보상의 루프가 하루에도 수십 번 반복되면서, 우리의 뇌는 이 경로를 가장 빠르고 효율적인 불안 해소법으로 각인한다.

이제 우리는 불안이 느껴지면 생각하기보다 손가락을 먼저 움직인다. 클릭은 더 이상 자유의지의 산물이 아니라, 시스템이 설계한 환경에 대한 반사적 응답이 되었다. 우리가 "나는 합리적으로 소비해"라고 스스로를 위로할 때, 사실은 시스템이 정해놓은 궤도 위를 충실히 달리고 있는 것은 아닐까.

당신이 마지막으로 클릭한 것은 정말 '필요'였는가? 아니면 불안을 잠재우기 위한 '안심의 제스처'였는가?

플랫폼은 왜
물류를 통제하려 하는가

17.

2023년, 쿠팡이 창립 13년 만에 처음으로 연간 기준 흑자를 달성했다는 소식이 전해졌다. 영업이익 6,174억 원. 2022년 3분기 첫 분기 흑자를 기록한 이래 6개 분기 연속 흑자를 이어간 결과였다. 하지만 이 숫자의 이면에는 상상하기 어려운 인고의 시간이 있었다. 불과 2년 전인 2021년의 영업적자는 1조 7,097억 원에 달했고, 창립 이후 2022년까지 쌓인 누적 적자는 약 6조 원을 훌쩍 넘어섰다.

같은 기간, 쿠팡은 전국 물류망을 구축하는 데 6조 2,000억 원이라는 천문학적인 금액을 쏟아부었다. 흑자 전환에 성공한 2024년, 시장의 예상을 뒤엎고 "2026년까지 3조 원 이상을 추가로 투자하겠다"고 발표했다. 광주, 대전, 부산 등 전국 8곳 이상에 새로운 물류센터를 짓고, 이미 100여 곳에 달하는 물류 인프라를 200곳 이상으로 늘리겠다는 계획이었다. 시장은 의아해했다. 10년이 넘는 적자를 감수하면서까지, 마침내 수익을 내기 시작한 시점에

물류 데이터는 21세기의 석유라 불리는 빅데이터 중에서도
가장 순도 높고 가치 있는 원유다. 사진=이마트

다시 한번 대규모 투자를 감행하면서까지 물류에 집착하는 이유
는 무엇일까?

이러한 현상은 비단 국내 기업만의 이야기가 아니다. 세계 최
대 전자상거래 기업 아마존 역시 2014년부터 2019년까지 영
업이익의 대부분을 물류 인프라에 재투자했다. 당시 창업자 제
프 베이조스는 주주들의 거센 반발에도 불구하고 "장기적 관
점"을 고수하며 투자를 멈추지 않았다. 그 결과 2024년 기준,
아마존에 입점한 판매자의 64%가 아마존의 물류 시스템인

FBA(Fulfillment by Amazon)를 독점적으로 사용하게 되었다. 음식 배달 플랫폼들 역시 배달대행 업체에 의존하던 구조에서 벗어나 자체 배달망을 구축하고 직접 라이더를 관리하는 시스템으로 빠르게 전환하고 있다.

이들의 공통된 질문은 하나로 수렴한다. 플랫폼은 왜 물류를 통제하려 하는가? 답은 명확하다. 물류는 더 이상 상품을 전달하는 단순한 배송 수단이 아니기 때문이다. 그것은 시간을 통제하고, 데이터를 장악하며, 궁극적으로 시장을 지배하는 가장 강력한 무기다.

물류 통제의 첫 번째 의미: 시간 설계

쿠팡 로켓배송의 '자정 마감' 알림은 단순한 배송 안내가 아니라 심리적 압박 장치다. 물류 업계에서 오랫동안 관찰해온 현상이 있다. 배송 마감 시간이 공지될수록 그 직전 시간대에 주문이 집중되는 '막차 효과'다. 26년간 현장에서 확인해온 이 패턴은 지금 디지털 플랫폼에서 더욱 정교하게 설계되고 있다. '지금 주문하지 않으면 손해'라는 인식이 이성적 판단을 마비시킨다. 시간을 통제하는 자가 소비를 통제하는 것이다.

플랫폼이 설정한 배송 슬롯은 단순한 시간 선택지가 아니라, 고객의 하루를 분 단위로 쪼개고, 주문 타이밍을 설계하며, 인위적인 긴급성을 만들어내는 정교한 장치다. 새벽배송 역시 마찬가지다. 컬리와 쿠팡 같은 플랫폼들이 약속하는 "잠든 사이 새벽 7시 도착"이라는 경험은 고객의 취침 시간마저 소비의 과정으로 편입시킨다. 잠들기 전 마지막 행위가 주문이 되고, 아침에 눈을 뜨는 첫 순간이 수령이 된다. 물류를 통제한다는 것은 곧 시간을 통제한다는 것이다. 시간의 통제는 소비의 통제로 직결된다.

2024년 3월, 쿠팡은 2026년까지 3조 원 이상을 추가 투자하여 물류망을 더욱 확장하겠다고 발표했다. 이미 전국 인구의 70%가 물류센터 반경 10㎞ 이내에 거주하는 '쿠세권' 영향권에 포함되어 있으며, 2027년에는 전국 시·군·구의 88% 이상인 230여 곳에서 로켓배송이 가능해질 전망이다. 이는 전 국민의 97%에 달하는 5,000만 명 이상이 이 시간 설계의 영향권 안에 들어온다는 것을 의미한다.

물류 통제의 두 번째 의미: 데이터 장악

물류 네트워크를 직접 운영한다는 것은 배송 과정에서 발생하는 모든 데이터를 100% 장악할 수 있음을 의미한다. 이 데이터는 21세기의 석유라 불리는 빅데이터 중에서도 가장 순도 높고 가치 있는 원유에 해당한다. 사람들의 의도나 관심이 아닌, 실제 '행동'의 기록이기 때문이다.

플랫폼은 이 데이터를 통해 다섯 가지를 읽어낸다. 주문 시간으로 고객의 하루 리듬을, 배송지 정보로 주거 환경과 가족 구성을, 상품 조합으로 현재 삶의 단계를, 배송 빈도로 플랫폼 의존도를, 반품 패턴으로 만족도와 품질 기대치를 파악한다. 이렇게 수집된 데이터는 알고리즘을 고도화하는 데 사용된다. 수요 예측 알고리즘은 "이 고객은 다음 주 월요일에 우유를 주문할 확률이 85%"라고 예측하고, 물류센터는 그에 맞춰 미리 재고를 확보한다. 맞춤형 추천 알고리즘은 구매 확률이 가장 높은 순간에 가장 적절한 상품을 노출하고, 동적 가격 알고리즘은 가격 민감도가 낮은 고객에게 개인별로 다른 가격을 제시하는 전략까지 구사한다.

아마존의 FBA는 이러한 데이터 장악이 어떻게 시장 지배로 이어지는지를 보여주는 가장 강력한 사례다. 판매자가 상품을 아마존 창고에 보관하면, 아마존은 배송을 대행하는 대가로 판매자의 모든 상품 데이터를 확보한다. 아마존은 이 데이터를 자사 자체 브랜드인 '아마존 베이직(Amazon Basics)' 출시에 적극적으로 활용한다. 미국 의회와 EU 경쟁당국은 아마존이 판매자 데이터를 자사 브랜드 출시에 활용했다는 혐의로 수년간 조사를 진행해왔다. FBA를 쓰지 않으면 검색 노출 자체가 줄어드는 구조에서 판매자들은 의존의 고리를 끊기 어렵다. 물류는 데이터를 장악하는 통로가 되고, 데이터는 다시 시장을 지배하는 무기가 된다.

물류 통제의 세 번째 의미: 시장 지배

물류를 장악한 플랫폼은 경쟁자가 감히 넘볼 수 없는 거대한 진입장벽을 쌓아 올린다. 한 플랫폼이 당일 배송, 새벽배송, 1시간 내 배송을 제공할 때 물류망이 없는 경쟁사는 여전히 이틀 배송에 머무른다. 이 속도의 차이는 고스란히 시장 점유율의 격차로 이어진다. 막대한 초기 투자는 잠재적 경쟁자의 진입 자체를 원천 차단한다. 10년간 6조 원 이상을 물류에 쏟아부은 기업을 따라잡으려면 새로운 진입자는 최소한 그에 준하는 투자를 감당해야 한다.

강력한 네트워크 효과는 승자독식 구조를 만든다. 물류센터가 많을수록 배송은 빨라지고, 배송이 빠를수록 고객이 모인다. 고객이 많아질수록 투자는 정당화되고, 이는 다시 더 많은 물류센터 건설로 이어진다. 이 선순환의 고리는 한번 완성되면 후발주자가 따라잡기 거의 불가능한 독점적 구조를 형성한다.

국내 이커머스 시장의 역사가 이를 증명한다. 2014년 로켓배송이 처음 등장했을 때, 대부분의 경쟁사는 "막대한 적자를 감당하며 버틸 수 없을 것"이라고 예측했다. 10년 후, 쿠팡은 2023년 첫 연간 흑자를 달성하며 시장의 지배자가 되었고, 경쟁사들은 여전히 속도의 격차를 따라잡지 못한 채 고전하고 있다. 경쟁사는 이 격차를 어떻게 따라잡을 수 있을까? 똑같이 6조 원을 투자한다고 해도, 시간이 흐르는 동안 선두 주자는 3조 원을 추가로 투자하며 격차를 더욱 벌려나간다.

물류는 비용이 아니라 무기다

이제 우리는 처음의 질문으로 돌아갈 수 있다. 플랫폼은 왜 그토록 처절하게 적자를 감내하며 물류에 투자하는가? 그 이유는 물류가 더 이상 비용이 아니라, 시간을 통제하고 데이터를 장악하며 시장을 지배하는 가장 강력한 '무기'이기 때문이다. 1시간 배송은 소비자를 위한 편리함의 제공이라는 표면적 이유를 넘어, 경쟁자를 말살하고 시장을 독점하기 위한 플랫폼의 정교한 시장 지배 전략인 것이다.

우리는 편리함을 선택했다. 더 빠른 배송을 원했고, 플랫폼은 욕망에 정확히 부응했다. 대가로 우리는 무엇을 내어주었는가? 하루를 설계할 시간의 주권, 모든 행동이 기록되는 데이터, 빠른 배송을 제공하지 않는 수많은 작은 가게들을 외면하며 좁아진 선택의 폭인가.

당신의 하루는 배송 슬롯으로 분할되었고, 당신의 구매는 알고리즘이 예측하며, 당신의 선택은 플랫폼이 설계한다. 편리함의 대가로 당신이 넘겨준 것은 무엇인가? 이 거대한 시스템 안에서, 당신은 움직이는가, 움직여지는가?

HOMO DELIVERICUS

부품이 된 인간:
플랫폼 노동의 민낯

PART 04

배달 기사는 노동자가 아니라 알고리즘 실행 유닛이다 **18.**

"당신은 선택하지 않는다. 수락할 뿐이다."

2024년 기준, 국내 배달 라이더는 약 50만 명으로 추산된다. 이 50만 명의 하루는 놀랍도록 비슷하다. 스마트폰 화면이 켜지고, 앱이 배송지를 지정하며, 지시대로 이동하고, '완료' 버튼을 누른다. 스스로 경로를 결정하거나 배송 순서를 선택하는 일은 없다. 시스템이 명령하고, 실행할 뿐이다.

한국노동연구원이 2023년 인터뷰한 배달 노동자들은 앱 화면의 구조를 이렇게 설명했다. 픽업지와 배송지가 지정되고, 예상 소요 시간이 표시되며, 경로가 이미 그려져 있다. 기사가 할 일은 수락 버튼을 누르는 것뿐이다. 배송을 마치고 '완료' 버튼을 누르는 순간, 0.3초의 지연도 없이 다음 지시가 떨어진다. 하루는 시스템이 던져주는 퀘스트를 수행하는 게임처럼 흘러간다.

알고리즘이 모든 것을 결정하는 시대, 노동은 숙련이 아닌 실행의 문제가 되었다.
사진=AI 이미지 생성

노동의 해체: 판단에서 실행으로

과거 배달 노동자는 경로를 스스로 계획했다. 이 시간대에 어느 골목이 막히는지, 어느 건물 엘리베이터가 느린지를 몸으로 익혀 나갔다. 단골이 생기고, 동네를 꿰뚫는 노하우가 축적되었다. 노동은 곧 숙련이었고, 경험은 시간이 쌓일수록 가치가 높아졌다.

플랫폼 시대의 배달기사는 다르다. 알고리즘은 인간의 판단을 더 이상 신뢰하지 않는다. 누가 어디로 가야 최적인지, 어느 순서로 배송해야 가장 효율적인지는 이미 수십억 개의 데이터를 학습한 머신러닝이 계산해두었다. 기사에게 남겨진 일은 오직 '물리적 실행'뿐이다. 마치 20세기 초 포드주의(Fordism) 공장에서 컨베이어벨트 위의 노동자가 정해진 나사만 조였던 것처럼, 플랫폼 노동자는 디지털 컨베이어벨트 위에서 알고리즘이 할당한 물리적 과업만을 수행한다. 생각하고 판단하는 '머리'의 역할은 시스템이 가져갔고, 기사에게는 오직 움직이는 '손과 발'의 역할만 남았다.

실제로 2023년 한국노동연구원의 보고서에 따르면, 다수의 배달 노동자들은 알고리즘이 제시하는 경로를 따르지 않을 경우 다음 배차에서 불이익을 받을 것을 우려한다고 응답했다. 보고서에 수록된 20년 경력 배달 기사의 사례는 이러한 현실을 극명하게 보여준다.

"내비게이션이 시키는 대로만 간다. 20년 동안 다니면서 알게 된 더 빠른 지름길이 있어도 알고리즘이 정한 경로를 벗어나면 평점이 깎이고 다음 배차에서 불이익을 받기 때문이다. 20년 동안 이 동네에서 일했지만, 과거의 경험은 이제 아무 쓸모가 없어졌다."

20년의 경험과 직관이 알고리즘의 0.3초짜리 계산보다 못한 가치로 전락했다. 이는 단순히 한 개인의 경험이 무시되는 차원을 넘어, 노동의 본질이었던 '숙련(Deskilling)'의 가치가 소멸하는 시대적 전환을 의미한다.

효율이라는 이름의 통제

플랫폼 기업의 입장에서 알고리즘 기반의 배차 시스템은 합리성의 극치다. 현재 교통상황, 날씨, 각 기사의 위치, 배송 거리, 특정 건물의 엘리베이터 대기 시간까지 종합해 최적의 경로를 찾아낸다. 이것은 분명한 진보이며, 그 결과 더 빠르고 더 정확한 배송이 가능해졌다. 하지만 그 눈부신 효율의 그림자 속에서 노동의 현실은 서서히 침식되고 있었다.

시스템은 초 단위로 기사의 모든 행동을 추적하고 평가한다. 배송 요청을 수락하기까지 몇 초가 걸렸는지, 픽업 장소에 도착하는 데 몇 분이 소요되었는지, 배송 완료 버튼을 누르기까지의 총시간은 얼마인지. 이 모든 데이터는 다음 배송을 배정하는 데 결정적인 영향을 미친다. 기사는 자율적으로 일정을 선택하는 것이 아니라, 보이지 않는 알고리즘의 평가를 끊임없이 의식하며 스스로를 검열하게 된다. 자율적 선택이 아니라, 생존을 위한 자기 검열이다.

같은 보고서에 수록된 또 다른 기사의 증언은 더 날카롭다.

"하루에 100건씩 배송하며 밥 한술 뜰 시간도 없다. 10분만 쉬어도 배차 순위가 밀린다. 몸이 망가지는 건 알지만 멈출 수가 없다. 시스템이 계속 달리게 만든다."

과거에는 30~40건의 배송을 해도 식사시간을 보장받을 수 있었지만, 이제는 80~100건의 배송을 소화하며 휴식이 곧 수입 감소로 이어지는 구조에 놓이게 되었다. 노동의 핵심 가치가 경험과 숙련에서 알고리즘 실행 속도로 바뀌면서, 노동의 주도권은 인간에게서 시스템으로 완전히 이전되었다.

API화된 인간

프로그래밍에서 API(Application Programming Interface)는 특정 기능을 수행하기 위해 외부에서 호출할 수 있도록 약속된 통신 규칙, 즉 '함수'를 뜻한다. 개발자는 복잡한 내부 구조를 몰라도, 필요한 API를 호출하기만 하면 원하는 결과를 얻을 수 있다. 플랫폼 노동자는 이제 시스템이 필요할 때마다 호출하는 '인간 API'가 되었다.

배달기사들은 평소에 대기 상태(Idle)로 도시 곳곳에 흩어져 있다가, 시스템이 배송을 명령하면 즉각 활성화되어 작업을 수행하고, 완료 후 다시 대기 상태로 돌아간다. 필요할 때만 활성화되고, 필요 없을 때는 자동으로 연결이 끊기는 프로그램 함수처럼. 기사는 이제 '고용된 노동자'가 아니라 '필요할 때만 호출되는 외부 자원(Resource)'으로 재정의되었다.

이 구조의 가장 교묘한 지점은, '고용' 관계를 부정함으로써 플랫폼이 져야 할 모든 책임을 회피할 수 있다는 점이다. 산재보험, 퇴직금, 최저임금 보장, 유급휴가. 이 모든 것은 '정규직 노동자'에게만 적용되는 권리다. 플랫폼은 말한다. "우리는 고용한 적이 없다. 단지 독립적인 사업자들을 고객과 연결하는 매칭 서비스를 제공했을 뿐이다." 법적으로는 '개인사업자'지만, 실질적으로는 알고리즘의 지휘 아래 일하는 '노동자'인 이 애매한 지위. 이 법적 틈새에서 노동자의 권리는 증발하고, 플랫폼의 책임은 가벼워진다.

우리가 얻은 것은 시스템의 압도적인 효율성, 전례 없는 배송 속도, 폭발적으로 증가한 처리 용량이다. 소비자는 더 빠르고 저렴하게 서비스를 누릴 수 있게 되었다. 하지만 그 대가로 노동자가 수십 년간 쌓아온 숙련의 가치, 스스로 판단하고 결정할 수 있는 자율성, 최소한의 고용 안정성을 잃었다. 노동의 존엄성이 알고리즘의 효율성 앞에 자리를 내준 것이다.

우리는 정말 더 나은 시스템을 만든 것일까, 아니면 단지 더 효율적인 착취 구조를 발명한 것일까? 이 질문에 대한 답은 간단하지 않다. 진보와 퇴보, 해방과 종속의 얼굴이 뒤섞여 있기 때문이다.

분명한 것은 우리가 누리는 편리함의 이면에는 이처럼 노동의 본
질이 해체되고 재구성되는 거대한 전환이 숨어 있다는 사실이다.

당신이 오늘 배송받은 물건은 누가 가져온 것인가? 자신의 경
험과 판단으로 일하는 노동자인가, 아니면 알고리즘의 명령을 수
행하는 실행 유닛인가?

온디맨드 노동,
켜고 끌 수 있는 인력

19.

플랫폼 기업들이 사용하는 인력 운영 언어가 있다. '피크타임 프로모션', '할증', '서지 프라이싱'. 주문이 몰리는 시간에 더 높은 단가를 제시해 오프라인 상태의 기사들을 앱으로 불러들이는 방식이다. 2024년 기준 국내 배달 플랫폼 종사자 중 '필요할 때만 앱을 켠다'고 응답한 비율은 전체의 68%였다. 플랫폼의 언어로 말하면 '유연한 인력 풀'이다. 노동자의 언어로 말하면 '켜고 끌 수 있는 스위치'다.

실시간 관제 시스템 화면에서 각 기사는 하나의 점으로 표시된다. 초록색은 대기 중, 노란색은 배송 중, 회색은 오프라인. 저녁 피크타임에 주문이 몰리면 프로모션 알림이 근방의 오프라인 기사들에게 일제히 전송된다. 30초 뒤, 화면 위의 회색 점 십수 개가 초록색으로, 다시 노란색으로 바뀐다. 필요한 만큼의 인력이 즉시 '생산'된 것이다. 이 과정에서 인간은 더 이상 '고용된 노동자'가

'대기'하는 시간의 비용은 노동자 본인이 모두 떠안는다.
플랫폼은 필요할 때만 노동력을 '켜고' 필요 없으면 '끈다'.

아니다. 시스템이 필요에 따라 켜고(On) 끌(Off) 수 있는 '가변 자원(Variable Resource)', 즉 재고처럼 취급된다.

온디맨드 경제: 리스크의 외주화

온디맨드(On-Demand)는 본래 고객이 필요로 하는 순간에 즉시 서비스를 제공한다는, 소비자 중심의 혁신적 개념이었다. 하지만 이제 그 개념은 노동의 영역으로 깊숙이 침투하여 본질을 바꾸어 놓았다. 기업은 더 이상 정규직을 고용하여 수요 변동의 리스크를 온전히 감당하지 않는다. 대신 필요한 순간에만 플랫폼을 통해 노동력을 '호출'하고, 수요가 줄면 언제든 연결을 끊는다.

전통적인 고용 관계에서 기업은 노동자를 책임져야 했다. 일이 없는 한가한 시간에도 임금을 지급하고, 아플 때는 병가를 주며, 퇴직 후에는 퇴직금을 제공하는 것이 당연한 의무였다. 그러나 온디맨드 경제에서 기업은 오직 '일이 있을 때만' 비용을 지불한다. 노동자가 주문을 기다리는 시간, 비가 와서 잠시 쉬는 시간, 다음 일을 위해 준비하는 시간은 모두 노동자 개인의 몫이 된다. 기업이 져야 할 모든 경영상의 리스크가 이 '개인사업자'라는 이름 아래 고스란히 개인에게 전가된 것이다. 플랫폼은 이 구조를 통해 '고용 없는 성장'이라는, 자본의 오랜 꿈을 실현했다.

자유라는 이름의 함정

이 새로운 노동 방식에는 명백한 장점이 존재한다. 한국고용정보원의 2024년 플랫폼 종사자 실태조사에서 '플랫폼 노동을 선택한 이유'로 가장 많이 꼽힌 답변은 '시간 활용의 자유로움'(42%)이었다. 상사의 지시, 정해진 출퇴근, 의무적 회식 없이 원하는 시간에 일할 수 있다는 점이 이 노동 형태의 가장 강력한 진입 유인 요소다.

'자유'는 종종 달콤한 '함정'이 된다. 처음에는 부업이나 용돈벌이로 가볍게 시작했지만, 점차 다른 대안을 찾지 못한 채 이 일에 얽매이게 되는 경우가 적지 않다. 온디맨드 노동은 시간을 잘게 파편화한다. 아침에 두 시간 일하고, 오전 중에는 주문이 없어 대기하며, 점심시간에 다시 몰아서 일한다. 저녁이 되어도 '야간 수당이 붙은 주문이 들어올까' 하는 마음에 쉽사리 앱을 끄지 못한다. 노동과 휴식의 경계가 사라지고, 삶은 끊임없이 '호출을 기다리는 대기 상태'가 된다.

실제로 같은 조사에서 플랫폼 노동자의 47%는 '일과 생활의 경계가 모호하다'고 답했다. 잠재적 수입 기회가 생길 때마다 앱을 확인하게 되고, 쉬는 시간에도 지금 일하면 얼마를 벌 수 있을까를 계산하게 된다. 삶의 시간이 노동의 시간과 완전히 분리되지 않는 것이다.

사회학자 지그문트 바우만(Zygmunt Bauman)은 현대 사회를 모든 것이 유동적이고 불확실한 '액체 근대(Liquid Modernity)'라고 정의했다. 온디맨드 노동자는 이 액체성의 최전선에서 파도에 떠밀리는 개인과 같다. 수입은 매일, 매시간 유동적으로 변하고, 미래는 안개처럼 불투명하다. 삶의 주도권이 자신의 의지가 아닌, 시스템의 알림에 종속되어 버리는 것이다.

JIT 인간: 재고가 된 사람들

온디맨드 노동은 제조업의 혁신으로 칭송받던 'JIT(Just-In-Time)' 시스템을 인간에게 적용한 것이라 해석할 수 있다. JIT는 도요타가 개발한 재고 관리 시스템으로, 생산에 필요한 부품을 필요한 시점에만 공급받아 창고에 쌓아두는 재고 비용을 '제로(0)'로 만드는 방식이다. 플랫폼 기업은 이 논리를 노동력 관리에 그대로 적용했다.

정규직을 고용하면 한가한 시간에도 인건비라는 '재고 비용'이 발생한다. 플랫폼은 이 비용을 없애기 위해 '필요한 순간'에만 노동력을 호출한다. 점심 피크타임에는 800명을 투입하고, 오후 3시 한가한 시간에는 200명으로 줄인다. 기업 입장에서는 단 한 명의 유휴 인력도 없는 완벽한 효율성의 달성이다. 하지만 노동자 입장에서는 부품처럼 창고에 보관되었다가 필요할 때만 꺼내지는 '인력 재고'가 된 셈이다.

여기에는 실제 부품과 인간 재고 사이에 결정적인 차이가 존재한다. 실제 부품 재고는 창고에 보관되는 동안 발생하는 비용을 기업이 부담하지만, 인간 재고가 주문을 기다리며 '대기'하는 시간의 비용은 노동자 본인이 모두 떠안는다는 점이다. 과거 전통적 고용 관계에서 기업이 부담했던 위험, 즉 비수기의 유휴 시간, 주문 대기 시간, 노동자의 질병이나 사고로 인한 공백, 미래의 불확실성에 대한 책임(퇴직금, 연금)은 이제 모두 노동자 개인의 몫으로 이전되었다. 플랫폼은 리스크를 외부화함으로써 자신들은 오직 수익만을 취하는 정교한 구조를 완성했다.

온디맨드 노동을 통해 기업은 재고 없는 인력 운영이라는 극강
의 효율성을, 개인은 언제든 일할 수 있는 유연성을 얻게 되었다.
우리 사회는 그 덕분에 전례 없는 속도의 편리함을 누린다. 하지
만 노동자는 수입의 예측성과 고용 안정성은 물론, 삶의 시간을
스스로 통제할 주권마저 점차 시스템에 넘겨주고 있다.

필요할 때만 일하는 자유로움과, 필요 없을 때 연결이 끊기는
불안정함 사이에서 노동자는 어디에 서 있는가? 화면 위에서 깜
빡이는 수백 개의 점은, 과연 자유로운 의지를 가진 인간인가, 아
니면 시스템이 관리하는 인력 재고인가?

20

별점은 평가가 아니라
생존 점수다

배달 플랫폼에서 기사를 퇴출시키는 기준은 단순하다. 평점이 일정 수준 아래로 내려가면 배차에서 자동 제외된다. 고용 계약도, 해고 통보도 없다. 숫자가 내려가면 조용히 시스템에서 사라진다. 2023년 한국노동연구원 조사에서 배달 플랫폼 종사자의 71%가 '평점 하락이 수입에 직접 영향을 미친다'고 응답했다. 별점은 더 이상 만족도 지표가 아니다. 생존 점수다.

평점 경제: 숫자가 인격을 대체하다

플랫폼 경제에서 '좋아요'와 '별점'은 더 이상 단순한 만족도 평가가 아니다. 노동자의 생존을 결정하는 절대적 지표다. 4.5점이라는 숫자가 낮아 보이는가? 하지만 5점 만점에 4.5점은 백분율로 환산하면 90점이다. 100명의 고객 중 단 10명만 불만족해도 탈락의 경계선에 서게 되는 가혹한 구조다. 실제로 주요 배달 플랫폼들은 일정 수준 이하의 평점을 기록한 라이더에게 배차를 제

'좋아요'와 '별점'. 라이더의 생존점수가 되어버렸다.
사진=KBS 방송 갈무리

한하거나 계약을 해지하는 정책을 운영하고 있다.

이 평가 시스템은 과거의 그것과 근본적으로 다르다. 과거의 직장인은 1년에 한두 번, 구체적인 피드백과 함께 상사에게 평가받았다. 개선의 기회가 있었고, 평가의 맥락을 이해할 수 있었다. 하지만 플랫폼 노동자는 매 순간, 불특정 다수의 고객에게 평가받는다. 피드백은 별점이라는 숫자뿐이며, 업체나 고객에게 이의를 제기할 방법은 사실상 없다.

한국노동연구원 보고서에 수록된 기사의 증언은 이 불투명성을 잘 보여준다.

"하루 배송 중 평가가 들어오는 건 절반도 안 된다. 평점이 떨어지는데 왜 떨어졌는지, 어떻게 고쳐야 하는지 알 방법이 없다."

평가 시스템의 핵심적인 문제는 '불투명성'이다. 누가, 왜, 어떻게 평가했는지 알 수 없는 상태에서 노동자는 끊임없는 불안에 시달린다. 불안은 시스템이 노동자를 통제하는 가장 효과적인 기제가 된다.

피드백과 통제: 보이지 않는 규율 권력

플랫폼 관계자들은 평점 시스템이 서비스 품질을 관리하고 개선하기 위한 합리적인 장치라고 설명한다. 고객의 목소리를 듣고 문제를 파악하여 시스템을 진화시킨다는 것이다. 표면적으로는 객관적 지표에 기반한 투명한 평가처럼 보인다. 하지만 그 이면에서 평점은 노동자를 끊임없이 불안하게 만들고, 그 불안을 동력 삼아 더 많은 노동과 감정노동을 착취하는 기제로 작동한다.

사회학자 미셸 푸코(Michel Foucault)는 그의 저서『감시와 처벌』에서 근대 사회가 '규율 권력(Disciplinary Power)'을 통해 인간을 감시하고 통제한다고 분석했다. 과거의 권력이 채찍과 감옥으로 신체를 직접 통제했다면, 현대의 권력은 시선과 규율을 통해 스스로를 검열하게 만든다. 플랫폼 경제는 이 규율 권력을 '평점'이라는 형태로 완벽하게 구현했다. 라이더는 누가, 언제 자신을 평가할지 모르지만, 항상 평가받고 있다는 사실을 인지한다. 이 보이지 않는 시선은 그들로 하여금 스스로의 행동을 통제하고, 시스템이 원하는 기준에 맞추도록 강제한다.

KBS 「배달 라이더 노동 실태」 취재에서 다수의 라이더들은 비대면 배송에서도 완료 메시지를 빠짐없이 전송한다고 밝혔다. 평점이 떨어질까 봐 보내는 것이지, 자발적인 친절이 아니라는 것이다. 하루 수십 건 반복되는 감정노동은 임금에 반영되지 않는다.

이 모든 감정노동은 오직 별 다섯 개를 받기 위한 처절한 몸부림이다. 별 다섯 개를 받는다고 특별한 보상이 주어지는 것도 아니다. 그저 '살아남을 수 있을 뿐'이다. 시스템에서 5점은 '최고'가 아니라 '기본'이며, 4점은 '보통'이 아니라 '위험 신호'다. 3점은 '불만'이 아니라 '탈락 예고'다. 평점의 역설 속에서 노동자는 끊임없이 자신을 증명해야 하는 불안정한 상태에 놓인다.

부당 평가의 구조: 모든 책임은 라이더에게

평점은 과연 배달 기사의 잘못만을 공정하게 반영할까? 현실은 그렇지 않다. 시스템은 배송 과정에서 발생하는 수많은 외부 변수의 책임을 모두 기사 개인에게 전가하는 구조적 문제를 안고 있다. 고객의 주소 입력 오류, 레스토랑의 음식 조리 지연이나 포장 불량, 폭우나 폭설 같은 기상 악화, 심지어 플랫폼 시스템 자체의 오류까지. 기사가 통제할 수 없는 모든 문제의 결과는 결국 그의 평점에 상처를 남긴다.

언론 취재에서 확인된 사례들은 이 구조의 문제를 명확히 보여준다. 고객이 주소를 잘못 입력해 배송이 30분 지연되었음에도 기사에게 별점 1개가 부여되었다. 플랫폼에 항의해도 "고객 평가는 번복 불가"라는 답변만 돌아왔다. 음식 맛이 없어도, 포장이 엉망이어도, 고객이 가장 마지막에 만나는 라이더가 모든 불만의 최종 처리장이 되는 것이다.

시스템은 복잡한 현실의 책임을 가장 약한 고리인 개인에게 떠넘김으로써 스스로의 효율성과 무결성을 유지한다. 우리는 평점 시스템이 서비스 품질을 개선하는 투명한 장치라고 믿는다. 하지만 실제 작동 방식은 노동자에게 생존에 대한 불안을 끊임없이 주입하고, 과도한 감정노동을 강요하며, 모든 책임을 개인에게 전가하는 비대칭적 권력 구조에 가깝다.

우리가 무심코 클릭 한 번으로 매기는 점수가, 누군가에게는 내일의 생계를 결정하는 생존점수가 되는 것이다.

당신은 마지막으로 언제 배달 기사에게 별 5개를 주었는가? 혹시 "기본은 4개, 아주 특별할 때만 5개"라고 생각하지는 않았는가? 하지만 기사에게 별 4개는 생존에 대한 위협이고, 별 5개는 그저 내일도 일할 수 있다는 안도일 뿐이다.

당신의 클릭 한 번은 공정한 평가인가, 아니면 누군가의 생존을 좌우하는 권력의 행사인가?

21. 라이더의 사고는 왜 '개인 사건'인가

2024년 국회 환경노동위원회 자료에 따르면, 배달의민족은 2022년부터 2024년까지 3년 연속 산업재해 승인 건수 1위를 기록했다. 2위인 대한석탄공사의 3배가 넘는 수치다. 광부보다 배달기사가 더 많이 다치는 나라. 그런데 그 사고들은 왜 '개인 사건'으로 처리되는가.

플랫폼 회사에 일하다 다쳤다며 산재 처리를 문의하면 돌아오는 답변은 하나다. "고객님은 저희 직원이 아니라 개인사업자이십니다. 산재보험 적용 대상이 아닙니다." 회사의 앱을 통해, 회사가 배정한 배송을 수행하다 다쳤어도 '개인 사건'이다. 치료비는 온전히 개인의 몫이 되고, 일하지 못하는 기간의 수입은 제로가 된다. 사고는 시스템의 기록에서 하나의 데이터 포인트로 남았을 뿐, 누구도 책임지지 않는 개인의 불운으로 치부된다.

속도 경쟁이 위험의 외주화를 부추기고 있다. 사진=KBS 방송 갈무리

법적 지위의 모호함: 위험의 외주화

플랫폼 경제가 구축한 가장 교묘하고 효율적인 전략은 노동자를 '노동자'가 아닌 '개인사업자'로 분류하는 것이다. 법적으로 그들은 회사에 고용된 직원이 아니라, 플랫폼이라는 인프라를 '이용'하여 독립적으로 사업을 영위하는 파트너다. 이 정의 하나가 모든 것을 바꾼다.

노동자라면 최저임금, 4대보험, 퇴직금, 유급휴가, 무엇보다 산업재해보상보험이라는 최소한의 사회적 안전망의 보호를 받는다. 하지만 개인사업자에게는 이 모든 보호가 적용되지 않는다.

모든 리스크는 오롯이 개인의 책임이 된다. 플랫폼은 실질적으로는 노동자를 고용하고 통제하면서도, 법적으로는 '일거리를 중개하는 서비스를 제공했을 뿐'이라며 책임을 회피하는 완벽한 구조를 만들어냈다.

과거 전통적 고용 관계에서 기업은 노동자를 책임져야 했다. 일이 없는 한가한 시간에도 임금을 지급하고, 아플 때는 병가를 주며, 퇴직 후에는 퇴직금을 제공했다. 하지만 온디맨드 경제에서 기업은 '일이 있을 때만' 비용을 지불한다. 노동자가 주문을 기다리는 시간, 쉬는 시간, 다음 일을 위해 준비하는 시간은 모두 노동자 개인의 몫이 된다. 기업이 져야 할 리스크가 고스란히 개인에게 전가된 것이다.

이들이 정말 독립적인 사업자일까? 독립사업자라면 자신의 서비스 단가를 결정하고, 고객을 선택하며, 업무 방식을 자율적으로 정할 수 있어야 한다. 플랫폼의 라이더는 어떤가? 배송 단가는 플랫폼이 일방적으로 결정하고, 고객 선택은 불가능하며, 업무 방식은 알고리즘의 지시에 따라야 한다. 심지어 고객이 준 평점이 낮으면 일거리를 배정받지 못하는 강력한 통제하에 놓여있다. 실질은 노동자인데, 법적 지위는 사업자인 이 기이한 불일치 속에서 노동의 위험은 철저히 개인에게 전가된다.

속도 경쟁이 강요하는 위험

즉시성은 부인할 수 없는 가치를 제공한다. 급한 상황에서 30분 만에 필요한 물품을 받을 수 있다는 것, 이는 분명 혁신이다. 하지만 눈부시게 발달한 편리함의 뒤편에는 누군가의 위험이 짙게 깔려있다.

플랫폼은 결코 직접 "신호를 위반하라"고 명령하지 않는다. 대신 알고리즘이 법적 속도를 준수해서는 도저히 맞출 수 없는 배송 시간을 제시한다. 라이더유니온이 직접 측정한 결과, 실제 교통법규 준수 시 소요 시간 대비 알고리즘 배정 시간이 평균 20~30% 짧게 책정되어 있었다. 이 간극을 메우는 것은 라이더의 목숨을 담보로 한 질주뿐이다.

결국 라이더는 선택의 기로에 놓인다. 안전하게 운전하고 배송 시간을 초과하여 평점이 깎이고 내일의 일거리를 잃을 것인가, 아니면 위험을 감수하고 시간을 맞춰 내일도 일할 것인가. 대부분은 후자를 선택할 수밖에 없다. 평점은 곧 생계와 직결되기 때문이다.

사고의 외주화: 시스템의 성공, 개인의 실패

플랫폼 경제는 시스템이 구조적으로 양산하는 위험을 철저히 개인의 문제로 돌린다. 라이더가 다치면 '개인의 부주의'가 되고,

교통사고를 당하면 '운전 미숙'이며, 폭염에 쓰러지면 '건강관리 소홀'로 치부된다. 시스템이 만든 구조적 위험은 모두 개인의 실패로 교묘하게 치환되는 것이다.

업무 중 사고가 나도 산재 대신 교통사고로 처리되는 경우가 많다는 점을 감안하면, 실제 산업재해 규모는 공식 통계보다 훨씬 클 것으로 추정된다. 배송이 성공적으로 완료되면 플랫폼은 "우리의 혁신적인 서비스"라고 홍보하지만, 사고가 발생하면 "개인사업자의 일"이라며 선을 긋는다. 수익은 플랫폼이 가져가고, 위험은 고스란히 노동자가 떠안는 완벽한 분리 구조가 완성된 것이다.

우리가 얻은 것과 외면한 것

우리는 '30분 배송'이라는 즉시성의 기적을 얻었다. 한밤중 아이 분유를 구하고, 급한 서류를 전달받고, 갑자기 고장 난 필수품을 즉시 교체하는 등 소비자 편의는 극대화되었다. 이는 때로 개인의 경력이나 중요한 일상을 지키는 가치로 발현되기도 한다.

편리함을 누리기 위해 우리는 노동자의 안전을 외면했다. 법적 보호의 사각지대 속에서 그들은 사고의 위험에 고스란히 노출되었고, 생명의 위협을 감수하며 도로를 달려야 했다. 시스템은 위험을 구조적으로 강요하면서도, 책임은 철저히 개인에게 전가했다.

우리가 편리하게 주문한 음식이 10~30분 만에 도착하는 그 뒤편에서, 누군가는 신호를 무시하며 달리고, 누군가는 교차로에서 쓰러지며, 누군가는 영영 집에 돌아가지 못한다. 당신의 편리함과 누군가의 생명, 그 사이의 거리는 단 30분이다.

'즉시 배송'을 주문할 때, 당신은 무엇을 주문한 것인가? 음식인가, 아니면 누군가의 위험인가?

플랫폼은 무엇을 주고 무엇을 빼앗았는가

22.

> "20년을 이 동네에서 일했다. 그런데 어제 막 시작한 스무 살
> 청년이 앱만 켜면 나랑 똑같은 일을, 똑같은 돈을 받고 한다.
> 퇴직금도, 연금도, 고용보험도 없다. 20년이 지나도 손에 남는
> 게 없다."
>
> – 한 플랫폼 노동자

이것은 한 개인의 쓸쓸한 은퇴 소감이 아니다. 플랫폼 경제라는 거대한 시스템이 노동의 본질을 어떻게 재편하고, 인간의 삶에서 무엇을 앗아갔는지를 보여주는 시대의 증언이다. 플랫폼이 우리에게 무엇을 주었으며, 무엇을 빼앗아 갔는지, 거대한 대차대조표를 들여다보자.

숙련의 종말

전통적인 직업 세계에서 '숙련(Skill)'은 시간과 경험을 통해 축

플랫폼은 노동자에게 유연성을 주었지만,
숙련의 가치와 미래에 대한 희망을 빼앗았다.

적되는 고유한 가치였다. 목수는 수년의 세월을 거치며 나무의 결을 읽는 법을 배우고, 요리사는 수만 번의 시행착오 끝에 불 조절의 감을 익혔다. 경험은 곧 자산이었고, 나이가 들수록 더 깊은 지혜와 존중을 얻었다. 노동은 단순히 돈을 버는 행위를 넘어, 한 인간의 정체성을 형성하고 자부심을 부여하는 과정이었다.

플랫폼 노동의 세계에서 숙련은 의미를 잃었다. 알고리즘이 최적 경로를 0.1초 만에 계산하고, 배송 순서를 정하며, 심지어 고객 응대 멘트까지 표준화된 템플릿으로 제공한다. 노동자는 더 이상 생각하고 판단하는 주체가 아니라, 그저 화면의 지시를 정확히 수행하는 '실행 유닛'이 되면 그만이다. 20년 차 베테랑의 직관과 경험은, 머신러닝의 데이터 분석 앞에서 구시대의 유물로 전락했다. 20년의 경험과 직관이 알고리즘의 0.3초짜리 계산보다 못한 가치로 전락한 것이다. 숙련의 시대는 저물고, 오직 실행의 시대가 도래했다.

이것은 단순히 효율의 문제가 아니다. 숙련이 사라진다는 것은 노동의 의미가 사라진다는 뜻이며, 한 인간이 자신의 일에서 성취감과 존엄을 발견할 기회가 박탈된다는 것을 의미한다. 노동은 더 이상 자아실현의 과정이 아니라, 생존을 위한 파편화된 행위의 반복이 되어버렸다. 플랫폼 노동이 가진 '성장의 부재'라는 치명적 결함이 드러난다. 배달 기사들은 말한다. 5년을 일했는데, 1년 차와 똑같다. 배송료도 똑같고, 하는 일도 똑같다. 앞으로 10년을 더 해도 똑같을 것이다. 그냥 시간만 흘러가는 것 같다. 성장이 없다.

효율과 박탈의 양면

플랫폼 경제는 의심할 여지없이 우리 사회에 눈부신 효율성을 선물했다. 누구나 특별한 기술 없이도 진입할 수 있는 낮은 문턱을 제공하여 새로운 형태의 일자리를 창출했고, 노동자에게는 원하는 시간에 일하고 쉴 수 있는 유연성을 부여했으며, 소비자에게는 전례 없이 빠르고 저렴한 서비스를 가능하게 만들었다. 플랫폼은 비효율을 제거하고 자원을 최적화함으로써 사회 전체의 편익을 증대시킨 것처럼 보인다.

눈부신 효율의 그림자 속에서 우리는 노동의 본질적인 가치들을 속절없이 잃어갔다. 수십 년의 경험이 단 하나의 평점 숫자로 환원되는 숙련의 가치 상실은 물론, 알고리즘의 부품으로 전락하며 느끼는 노동의 존엄성 훼손, 오늘을 살아내기에 급급하여 내일을 그릴 수 없게 되었다. 미래에 대한 희망마저 박탈당했다. 노동자들은 서로 협력하는 동료가 아닌, 평점을 두고 경쟁하는 파편화된 개인이 되었고, 거대한 플랫폼 앞에서 협상력을 잃어버렸다.

미래의 박탈

전통적인 노동의 가장 큰 가치 중 하나는 '축적'이었다. 경력을 쌓고, 기술을 연마하며, 연봉이 오르고, 직급이 올라갔다. 그 과정에서 연금과 퇴직금이라는 형태로 미래를 준비할 수 있었다. 20년을 일하면 20년 치의 무언가가 삶에 단단하게 쌓였다. 시간은 배신하지 않는다는 믿음이 있었다.

플랫폼 노동자에게 시간은 그저 흘러갈 뿐, 아무것도 축적되지 않는다. 오늘 100건을 배송했다고 내일 더 나은 대우를 받지 않는다. 5년을 일했든 5개월을 일했든 시스템이 보는 것은 오직 '지금 이 순간의 평점'뿐이다. 과거의 노동이 1년 차 사원에서 시작해 5년 차 대리, 20년 차 부장으로 성장하며 월급과 연차, 퇴직금이 함께 쌓이는 구조였다면, 현재의 플랫폼 노동은 1년 차든 20년 차든 건당 수수료와 평점이라는 동일한 잣대 아래 머무른다. 퇴직금도,

연금도, 승진도 없는 세계. 그곳에서 노동은 더 이상 미래를 향한 계단이 아니라, 오늘 하루를 연명하기 위한 위태로운 발버둥일 뿐이다.

앞서 20년 경력 기사의 증언처럼, 오랜 시간을 헌신한 노동자의 손에 남는 것이 닳아빠진 장비와 고장 난 몸뿐이라면, 우리는 이 시스템을 과연 진보라고 부를 수 있을까? 미래가 박탈된 노동은 개인의 삶을 위협할 뿐만 아니라, 사회 전체의 안정성을 뒤흔드는 시한폭탄이 될 수 있다.

구조의 인식

가장 중요한 것은 이 모든 문제가 특정 기업의 탐욕이나 개인의 나태함 때문이 아니라는 사실을 인식하는 것이다. 이것은 플랫폼 자본주의라는 시스템이 필연적으로 만들어내는 '구조'의 문제다. 플랫폼은 효율을 극대화하기 위해 설계되었고, 효율의 핵심은 '고정 비용의 제거'에 있다.

전통적인 기업이 짊어져야 했던 정규직 고용, 사무실 임대, 차량 구입, 보험 가입과 같은 고정 비용을 플랫폼은 모두 '변동비'로 전환했다. 차량과 장비는 노동자 개인이 구입하고, 유류비와 통신비도 개인이 부담하며, 4대 보험 대신 스스로 보험에 가입해야 한다. 주문이 없는 대기 시간과 휴식 시간은 모두 무급으로 처리된다. 이처럼 기업이 져야 할 리스크가 고스란히 노동자 개인에게 전가된 것이다. 이 구조는 너무나 효율적이기에, 한 기업이 도입하면 모든 경쟁자가 따라 할 수밖에 없는 '경쟁의 법칙'이 된다. 정규직을 고용하는 배달 회사는 플랫폼 기반 경쟁자를 가격과 속도 면에서 이길 수 없기 때문이다.

결국 문제는 개별 기업주의 도덕성이 아니라, 이러한 구조를 허용하고 방치하는 법과 제도, 편리함에 취해 구조적 모순을 외면하는 우리 사회의 인식에 있다.

플랫폼의 대차대조표

플랫폼이 우리에게 준 것은 분명하다. 원하는 시간에 일할 수 있는 유연성, 특별한 기술 없이 시작 가능한 낮은 진입장벽, 누구의 간섭도 받지 않는 자율성, 소비자가 누리는 전례 없는 속도와 편의. 이것이 플랫폼 경제가 내세우는, 우리에게 '준 것'의 목록이다.

빼앗긴 것은 무엇일까? 수십 년 경험이 무의해지는 숙련의 가치, 알고리즘의 부품으로 전락한 노동의 존엄성, 사고 발생 시 개인이 온전히 책임지는 노동 안전, 퇴직금도 연금도 없는 미래의 축적 가능성, 그리고 거대한 플랫폼 앞에서 협상력을 잃은 파편화된 개인이다.

이 두 목록을 나란히 놓고 보면 무언가 어긋난다. 준 것은 편의와 자유처럼 보이지만, 빼앗긴 것은 존엄과 미래다.

PART 4를 마치며

Part 4에서 우리는 플랫폼 경제가 어떻게 인간을 '호출 가능한 부품'으로 재편했는지 그 여정을 따라갔다. 배달 기사는 알고리즘의 지시를 따르는 실행 유닛이 되었고, 필요할 때만 소환되는 인력 재고로 취급받았으며, 별점이라는 생존 점수로 끊임없이 평가받았다. 그들이 겪는 사고는 시스템의 책임이 아닌 개인의 사건으로 치부되었다. 20년의 숙련은 무의미해지고, 노동의 존엄은 숫자로 환원되었다.

우리는 최적화된 경로와 30분의 기적, 낮은 진입장벽과 언제든 가능한 편의를 얻었다. 하지만 노동자들은 고용 안정성, 숙련의 가치, 노동안전, 미래에 대한 보장을 빼앗겼다. 이것은 숨겨진 비밀이 아니다. 우리 모두는 이미 어렴풋이 알고 있다. 다만 편리함 앞에서 애써 외면하고 있을 뿐이다.

배달앱을 열 때, 우리는 선택의 기로에 선다. 빠른 배송을 위해 누군가의 안전을 위협하는 구조에 동의할 것인지, 500원 저렴한 가격을 위해 누군가의 권리를 포기시키는 시스템에 가담할 것인지. 이것은 단순한 도덕적 판단의 문제가 아니라, 우리 모두가 연루된 '구조적 공모'의 문제다. 변화는 이 시스템을 인식하는 데서 시작된다. 우리가 누르는 '주문하기' 버튼이 어떤 구조를 작동시키는지, 편리함이 누구의 희생 위에서 있는지 자각하는 것. 그것이 이 시대를 살아가는 우리가 내디뎌야 할 첫걸음이다.

당신은 양면을 동시에 볼 수 있는가? 편리함과 착취를, 효율과 박탈을, 진보와 퇴행을.

HOMO DELIVERICUS

AI가 설계하는 삶:
시스템 통치의 시작

PART 05

AI는 비서가 아니라 생활 설계자다   **23.**

2024년 기준 삼성 AI 냉장고는 내부 식재료를 인식해 소비기한 임박 품목을 자동 알림하고 재주문을 제안한다. 애플 시리와 구글 어시스턴트는 수면 패턴, 일정, 교통 상황을 연동해 기상 시각부터 출발 시간까지 조율한다. 아마존은 'Dash Replenishment' 서비스를 통해 세탁기 세제, 커피 캡슐 등의 소진을 감지해 자동 주문하는 기능을 제공하고 있다. 이것은 미래의 이야기가 아니다. 2026년 현재의 이야기다.

이 서비스들이 공통으로 하는 일은 하나다. 당신이 결정하기 전에 먼저 결정하는 것. AI는 비서가 아니라 생활 설계자가 되었다.

소비의 전통적 구조는 단순했다. 내가 필요를 느끼고, 물건을 찾아 주문한 뒤, 배송을 기다렸다. 결정의 주체는 나였고, 실패도 나의 몫이었다. 하지만 2026년의 구조는 역전되고 있다. 기업의

내가 주문했지만, 내가 고르지 않았다. AI는 우리의 필요를 예측하고,
삶을 설계한다. 사진=AI 이미지 생성

AI가 나의 필요를 예측하여 먼저 제안하고, 내가 그것을 '승인'하
면 자동으로 배송이 이루어진다. 문득 서늘한 질문 하나가 마음을
스친다. 오늘 나의 하루를 설계한 것은 과연 누구인가?

최적화라는 이름의 삶의 외주

AI는 더 이상 우리가 부르면 대답하는 수동적인 비서가 아니
다. 그것은 우리의 '생활 설계권'을 대행하는 능동적인 시스템으
로 진화했다. AI는 우리의 과거 데이터를 끊임없이 분석한다. 당

신이 무엇을 좋아하고, 어떤 패턴으로 살아가며, 어느 시간대에 무엇을 필요로 하는지, 어쩌면 당신 자신보다 더 정확하게 파악한다. 이를 바탕으로 당신보다 먼저 당신의 필요를 예측하고, 가장 합리적인 해법을 제시한다.

유발 하라리(Yuval Noah Harari)는 『호모 데우스』에서 "알고리즘이 나보다 나를 더 잘 알게 되는 순간, 우리는 결정권을 알고리즘에 양도하게 될 것"이라고 경고했다. 물류 시스템과 완벽하게 결합한 AI는 바로 그 예언이 현실이 되는 순간을 우리 눈앞에 펼쳐 보이고 있다. 점심 메뉴를 고를 때 AI가 건강 데이터, 최근 식단, 날씨까지 고려해 추천해준다면, 개인이 몇 분 고민하는 것보다 AI의 판단이 훨씬 합리적으로 보인다. 결국 사용자는 "굳이 거부할 이유를 찾지 못하겠다"며 제안을 수락하게 된다. 한번, 두번, 그리고 세번. 그렇게 일상 속 작은 선택들이 쌓여갈수록, 당신의 삶은 자신도 모르는 사이에 AI가 그려놓은 거대한 설계도 안으로 서서히 편입된다.

효율의 안락함, 주권의 상실

AI가 설계하는 삶은 의심할 여지없이 편리하다. 무엇을 먹을지, 언제 출발할지, 무엇을 살지 고민하는 '결정의 피로'에서 우리를 해방시킨다. 이것은 분명한 진보다. 더 똑똑하고, 더 빠르며, 더 정확한 삶의 방식이다.

나 역시 이 경험을 안다. AI가 추천해준 음식을 먹고, AI가 골라준 경로로 이동하다 보면 문득 '이게 내가 원했던 것인가'라는 질문이 떠오른다. 26년간 물류 산업을 관찰하며 깨달은 것이 있다. 편리함은 중독된다. 그리고 중독되면 의심하지 않는다.

AI에 대한 의존이 만들어낸 취약성은 시스템이 멈추는 순간 극명하게 드러난다. 한국정보화진흥원의 2024년 조사에서 스마트폰 없이 낯선 곳에서 길을 찾을 수 없다고 응답한 비율은 67%였다. 내비게이션 없이 운전 가능 여부를 묻자 52%가 '불가능하다'고 답했다. 이것은 단순한 불편함이 아니다. 판단 능력 자체가 시스템에 위탁된 상태다.

AI가 당신의 하루를 설계하기 시작하면, 흥미로운 역설이 발생한다. 당신은 '결정의 피로'에서 해방되어 편안함을 느끼지만, 그 편안함의 대가로 '내가 내 삶을 산다'는 주체성을 조금씩 잃어간다. 철학자 장 보드리야르(Jean Baudrillard)가 말한 '시뮬라크르(Simulacre)', 즉 실재가 사라지고 복제본만이 남은 세계가 바로 우리 삶 속에서 구현되는 것이다.

AI가 설계한 삶은 당신의 진짜 욕망인가, 아니면 데이터가 재구성한 당신의 시뮬라크르인가? 당신이 오늘 주문한 샐러드는 정말 당신이 원했던 것인가, 아니면 AI가 당신의 건강 데이터를 분석한 결과를 이성적으로 '수용한' 것인가? 이 경계가 흐려지는 순간, 우리는 더 이상 자신의 삶을 사는 것이 아니라, 알고리즘이 출력한 '최적화된 삶'을 대행하는 존재가 되어버린다.

물류, 삶의 운영체제가 되다

AI와 물류의 결합은 단순히 배송이 빨라지는 차원을 넘어, 인간의 생활 방식 전체를 근본적으로 재설계한다. 소비의 패러다임이 '반응적 소비'에서 '예측적 공급'으로 거대한 전환을 맞이하고 있는 것이다. 과거에는 내가 필요를 느끼고, 물건을 찾아 주문한 뒤, 배송을 기다리는 구조였다. 하지만 이제는 기업의 AI가 나의 필요를 예측하여 먼저 제안하고, 내가 그것을 승인하면 자동으로 배송이 이루어지는 구조로 바뀌고 있다.

이것은 당신이 이제 필요를 느끼기도 전에 물건을 받게 될 것이라는 의미다. 냉장고의 센서가 우유가 떨어져 가는 것을 감지하고, AI가 당신의 소비 패턴을 분석하여 자동으로 주문을 넣는다. 당신이 퇴근하기 전, 신선한 우유는 이미 현관문 앞에 도착해 있다. 편리함의 극치다. 동시에 이것은 당신이 더 이상 자신의 결핍을 직접 인지하고, 해결하기 위한 고민이 필요 없어진다는 뜻이기도 하다. 시스템이 당신을 대신해 당신의 삶을 유지하고 관리한다. 물류는 이제 단순한 운송 수단이 아니라, 우리 삶의 모든 데이터를 연결하고 실행하는 '운영체제(OS)' 그 자체가 되었다.

우리는 결정의 피로를 줄이고 시간을 절약하는 최적화된 삶을 얻었지만, 그 과정에서 스스로 판단하고 선택하는 주체성과 자급 자족의 능력을 조금씩 시스템에 넘겨주고 있다. 우리는 정말 더 나은 삶을 살고 있는 것일까, 아니면 그저 더 편리한 삶을 시스템 으로부터 '대행'받고 있는 것일까?

당신의 오늘 아침은 누가 설계했는가. 당신이 오늘 먹은 점심은 누가 선택했는가. 그리고 가장 중요한 질문, 당신의 삶은 지금 누가 살고 있는가. 당신인가, 아니면 AI인가.

24

추천 알고리즘,
발견의 종말

쿠팡 메인 화면에 뜨는 상품의 85%는 사용자가 직접 검색한 것이 아니다. 알고리즘이 과거 구매 이력, 검색 기록, 페이지 체류 시간을 분석해 '이 사람이 클릭할 확률이 높은 상품'을 배치한 결과다. 넷플릭스는 전체 시청 시간의 80%가 추천 알고리즘을 통해 발생한다고 공개했다. 우리는 수십만 개의 상품이 진열된 거대한 쇼핑몰을 자유롭게 탐험하고 있다고 믿는다. 하지만 실제로는 알고리즘이 설계한 '정교한 미로' 안을 걷고 있다.

나의 선택은 과연 나의 것인가.

발견의 환상, 세렌디피티의 종말

온라인 쇼핑 이전 소비의 구조는 단순했다. 수십만 개의 상품 중 내가 직접 탐색하고, 직접 발견하고, 직접 선택했다. 그 과정에서 계획에 없던 물건을 집어들기도 했다. 우리는 예측 불가능한

만남을 '세렌디피티(Serendipity)'라 불렀다. 비효율적인 방황이야
말로 자신만의 고유한 취향이 싹트는 토양이었다.

2024년 한국인의 온라인 쇼핑 시간을 살펴보자. 직접 검색으로
시작하는 비율은 34%에 불과하다. 나머지 66%는 추천, 광고, 알
림에서 시작된다. 세렌디피티는 점차 소멸하고 있다.

2026년의 쇼핑 앱은 이 모든 과정을 재설계했다. 추천 상품들
은 우연의 산물이 아니다. 머신러닝이 당신의 과거 구매 이력, 검

알고리즘은 우리를 위해 선택의 미로를 설계하고,
우리는 그 안에서 '발견의 환상'을 경험한다. 사진=KBS 방송 갈무리

색 기록, 페이지 체류 시간, 심지어 스크롤 속도와 특정 이미지 위에서 멈춘 미세한 시간까지 나노초 단위로 분석하여 '당신이 92.7% 확률로 클릭할 것'이라 예측한 정교한 계산의 결과물이다. 모든 길은 결국 당신이 '선택할 것으로 예측된 지점'으로 안전하게 수렴한다.

알고리즘은 이제 세렌디피티마저 모방한다. 시스템은 당신이 '우연히 발견했다'고 느끼도록, 발견의 순간을 설계한다. 당신의 취향 경계선에서 살짝 벗어난, 그러나 충분히 매력적일 법한 '의외의 상품'을 슬쩍 끼워 넣는 방식이다. 마치 운명처럼 느껴졌던 그 만남이, 사실은 수십억 개의 데이터를 기반으로 한 확률적 계산의 결과물이었음을 깨닫는 순간, 우리는 더 이상 발견하는 주체가 아니라 잘 짜인 각본 안에서 발견의 감정을 '경험'하는 관객이 되어가고 있음을 인지하게 된다.

필터 버블: 당신이 보는 세상은 진짜 세상인가

추천 알고리즘은 분명 유용하다. 정보의 홍수 속에서 내게 맞는 것을 정확히 찾아주고, 시간을 절약시키며, 만족도를 높인다. 이는 의심할 여지 없는 기술의 혁신이다. 추천이 주는 편리함의 이면에서, 우리는 세상의 '다양성'을 잃어버리고 있다. 인터넷 활동가 엘리 프레이저(Eli Pariser)가 2011년 저서 『생각 조종자들(The Filter Bubble)』에서 경고했듯, 우리는 알고리즘이 만든 보이지 않는 거품, 즉 '필터 버블' 안에 갇히게 된다.

쇼핑 앱에서 이 현상은 더욱 노골적으로 작동한다. 당신이 한 번 '미니멀 라이프' 관련 제품을 구매하면, 알고리즘은 당신을 '미니멀리스트'로 분류한다. 그 순간부터 당신의 화면은 온통 무채색의 간결한 디자인 제품들로 채워진다. 화려한 색감의 맥시멀리즘 제품이나 빈티지 소품들은 당신의 시야에서 영원히 사라진다. 당신은 다른 선택지가 존재한다는 사실조차 모른 채, 알고리즘이 허락한 좁은 세계 안에서만 선택을 반복한다. 추천 기능에 익숙해진 우리는 점차 새로운 것을 탐색하려는 시도 자체를 줄이게 된다. 이는 단기적으로는 실패 없는 쇼핑 경험을 제공해 만족도를 높이지만, 장기적으로는 우리의 시야를 좁히고 취향을 획일화시키는 결과를 낳는다.

이러한 메커니즘은 기업 입장에서는 고객의 이탈을 막는 가장 효과적인 수단으로 작동한다. 사용자의 취향에 맞는 상품을 지속적으로 제공함으로써 만족도를 유지하고, 다른 플랫폼으로 눈을 돌릴 필요성을 없애기 때문이다. 하지만 이는 사회 전체적으로 볼 때 심각한 부작용을 낳는다. 각자의 필터 버블 속에서 비슷한 취향의 사람들끼리만 고립되고, 예측 가능한 것들만 소비하게 되면서 사회의 문화적 다양성은 서서히 침식된다. 모두가 비슷한 베스트셀러를 읽고, 비슷한 스타일의 옷을 입으며, 비슷한 취향의 음악을 듣는 세상. 그것이 추천 알고리즘이 설계하는 미래의 모습일지 모른다.

더 나아가, 필터 버블은 당신의 정체성을 역으로 강화하고 고착시킨다. 미니멀 제품만 계속 접하다 보면, 당신은 스스로를 '단순함을 추구하는 사람'으로 규정하게 된다. 질문은 여기서 시작된다. 이것은 당신의 본래 정체성인가, 아니면 알고리즘이 당신에게 부여하고 강화시킨 정체성인가? 우리는 알고리즘의 분류표 안에서 우리 자신을 발견하는 것이 아니라, 알고리즘의 분류표에 맞춰 우리 자신을 재구성하고 있는지도 모른다.

선택의 포획: 자유로운가, 승인하는가

추천 알고리즘의 가장 교묘한 점은 이 모든 과정 속에서도 우리에게 여전히 '선택의 자유'가 있다고 믿게 만든다는 것이다. 화면에는 수백 개의 상품이 스크롤되고, 당신은 그중 무엇이든 고를 수 있다. 당신의 눈에 보인 수백 개의 상품은 이미 알고리즘이 수십만 개의 전체 상품 중 99% 이상을 당신의 시야에서 지워버리고 남은 결과물이다. 당신이 '선택'한 상품은 사실 알고리즘이 이미 선택해놓은 것 중에서 당신이 최종적으로 '승인'한 것에 가깝다.

과거의 소비가 '수십만 개의 상품 → 내가 직접 탐색 → 직접 발견 → 직접 선택'의 능동적 과정이었다면, 현재의 소비는 '수십만

개의 상품 → 알고리즘 필터링 → 수십 개 노출 → 내가 승인'의
수동적 과정으로 변모했다. 우리는 선택의 주도권을 시스템에 넘
겨주고, 대가로 '고민하지 않을 편리함'을 얻었다.

심리학자 배리 슈워츠(Barry Schwartz)는『선택의 역설(The
Paradox of Choice)』에서 선택지가 많을수록 오히려 결정 만족도
가 낮아진다고 분석했다. 한국소비자원의 2024년 조사에서 온라
인 쇼핑 이용자의 71%는 '추천 기능 없이는 원하는 상품을 찾기
어렵다'고 응답했다. 현대를 사는 우리는 탐험에 필요한 시간과
인내심, 불확실성을 견디는 정신적 근육이 퇴화했다. 알고리즘은
나약함을 파고들어, 가장 쉽고 안락한 길을 제시하며 우리를 길들
인다.

편리함의 대가로 무엇을 내어주었는가

추천 알고리즘이 가져다준 시간 절약, 정확성, 편리함은 분명
우리 삶을 윤택하게 만들었다. 하지만 눈부신 효율성의 이면에서,
우리는 예측 불가능한 우연이 주는 삶의 풍요로움과 다양한 세계
를 만날 기회를 시스템에 저당 잡혔다. 우리는 주체적으로 탐험하
는 대신 설계된 경로를 따라 걷게 되었고, 우리 자신의 취향마저
시스템에 의해 재단되고 있음을 깨닫지 못한다. 편리함을 얻었지
만, 세계의 광활함을 잃었다.

당신이 오늘 클릭한 상품은 당신이 발견한 것인가? 당신이 지금 보고 있는 화면은 세상의 일부인가, 알고리즘이 당신에게 허락한 세상인가? 당신의 취향은 정말 당신의 것인가, 알고리즘이 당신도 모르게 조각해낸 결과물인가? 우연을 잃어버린 세상에서 우리는 과연 무엇을 새롭게 발견할 수 있을까.

정기 배송,
삶이 구독 모델이 되는 순간

25.

한국 구독경제 시장은 2023년 기준 약 42조 원 규모로 추산된다. 2020년 대비 2.3배 성장한 수치다. 쿠팡 와우멤버십 가입자는 2024년 1분기 기준 1,400만 명을 돌파했다. 한국 총 가구 수인 약 2,300만 가구의 60%를 넘는다. 한 가구에 한 명 이상이 정기 비용을 내고 '빠른 배송 인프라'에 접속하고 있다는 의미다.

우리는 언제부터 배송 서비스를 구독하기 시작했을까. 그리고 왜 구독 서비스를 해지하지 못할까.

선택의 소멸, 관성의 지배

정기배송이 일상화되기 전, 소비는 '결핍의 인지'에서 시작됐다. 세제가 떨어질 무렵이면 마트에 갔다. A 브랜드는 8,900원, B 브랜드는 7,500원, C 브랜드는 신제품 출시 기념으로 9,500원에 작은 증정품을 끼워준다. 우리는 가격을 비교하고, 성분을 훑어보며, 때로는 새로운 제품에 대한 호기심에 이끌려 C를 집어들기도 했다. 모든 과정은 번거로웠지만, 명백히 '나의 결정'이었다.

2024년 온라인쇼핑 동향 자료에 따르면, 생필품 카테고리의 온라인 정기구독 이용 경험률은 38.4%에 달한다. 세 가구 중 한 가구 이상이 특정 생필품을 '자동으로' 받고 있다. 소비는 더 이상 능동적인 선택의 과정이 아니라, 수동적인 수령의 절차가 되었다. 시스템이 한 번 내린 결정이 관성이 되어 우리의 일상을 지배한다.

나는 한동안 종합비타민을 정기배송으로 받았다. 실제로 꾸준히 복용한 기간은 처음 두 달이 전부였다. 이후 6개월치가 쌓였지만 해지하지 않았다. '다음 달부터는 다시 먹어야지'라는 다짐이 해지라는 행위를 계속 유예했다. 한국소비자원 조사에 따르면 구독 서비스 이용자의 44%가 '실제로 잘 사용하지 않는 구독 서비스가 있다'고 응답했다. '언젠가 사용할 것'이라는 막연한 기대가 해지라는 능동적 행위를 가로막는다. 우리는 편리함을 구매했지만, 선택의 자유와 변화의 가능성을 시스템에 저당잡혔다. 이렇게 등장한 관성의 법칙은 이제 생필품을 넘어 우리 삶의 더 큰 영역으로 확장되고 있다.

소유의 종말, 접속의 시대

구독(Subscription) 모델은 기업에게는 꿈의 비즈니스 모델이다. 고객을 한 번 확보하면 이탈하지 않는 한 지속적이고 안정적인 수익이 발생한다. 미래 매출을 예측하기 쉬워지고, 재고 관리와 생산 계획도 훨씬 용이해진다. KT경제경영연구소는 국내 구독경제 시장 규모가 2025년 100조 원에 이를 것으로 전망하며, 이 거대한 흐름이 이제 산업 지형 자체를 바꾸고 있음을 시사했다.

구독 모델의 핵심은 개별 상품을 파는 것이 아니다. '빠른 배송'과 '편리함'이라는 인프라 자체를 구독시키는 데 있다. 쿠팡의 '와우 멤버십', 배달의민족의 '배민클럽', 신세계의 '유니버스 클럽' 등이 대표적이다. 소비자들은 매달 일정 비용을 지불하며 개별 상품의 할인을 넘어, '무료배송', '새벽배송', '반품 편의'와 같은 배송 생태계 전체에 대한 접근 권한을 구매한다. 구독의 대상이 상품에서 인프라로 확장된 것이다.

더 나아가 구독의 문법은 이제 우리가 '소유'의 대상으로 여겼던 내구재 영역까지 파고들고 있다. LG전자는 정수기, 세탁기, 냉장고 같은 가전을 구독하는 'UP가전' 서비스를 통해 매달 일정액을 받고 제품 관리와 소프트웨어 업그레이드를 제공한다. 코웨이는 침대 매트리스를 구독하면 주기적으로 방문해 케어 서비스를 제공하고 상단 내장재를 교체해준다. 과거에는 큰마음 먹고 구매

가전도 구독하는 시대다. 사진 제공=LG전자

하여 10년 이상 사용하던 가전과 가구가, 이제는 매달 요금을 내고 '기능'과 '관리'를 제공받는 서비스로 변모한 것이다.

이는 소비 패러다임의 근본적인 전환, 즉 '소유'에서 '접속'으로의 이행을 의미한다. 우리는 더 이상 세탁기를 소유하는 것이 아니라 '깨끗한 옷을 입을 권리'에 접속하고, 침대를 소유하는 대신 '쾌적한 수면 환경'에 접속한다. 기업은 제품을 한 번 파는 것으로 끝나는 것이 아니라, 고객과의 지속적인 관계를 통해 데이터를 축적하고 새로운 서비스를 제안하며 생태계 안에 가둔다. 소비자 입장에서는 높은 초기 비용 부담 없이 최신 제품을 경험할 수 있다는 장점이다. 동시에 우리는 영원히 무언가를 소유하지 못한 채 월세를 내는 '디지털 소작농'이 되어가는 것은 아닌가 하는 의심에 사로잡힌다. 그렇다면 우리는 왜 이토록 쉽게 구독의 덫에 걸리는 것일까? 여기에는 몇 가지 정교한 심리적 기제가 작동한다.

구독의 심리적 메커니즘

첫째, 관성의 힘(The Power of Inertia)

한번 설정해놓은 시스템을 바꾸는 것은 생각보다 큰 심리적 에너지를 요구한다. '그냥 이거 쓰면 되지, 뭘 굳이 바꿔'라는 생각이 지배한다. 특히 매달 결제되는 금액이 크지 않을 경우, 우리는 해지하는 수고로움보다 현상 유지를 택하는 경향이 강하다.

둘째, 매몰비용의 착각(Sunk Cost Fallacy)

"이미 1년이나 구독했는데 지금 해지하면 지금까지 쓴 돈이 아깝지 않나?" 행동경제학에서 말하는 대표적인 비합리적 판단이다. 과거에 지출한 비용은 이미 회수할 수 없는 '매몰비용'임에도 불구하고, 우리는 과거의 비용 때문에 미래의 손실을 감수하는 결정을 내린다. 구독 서비스는 이 착각을 교묘하게 이용한다.

셋째, 필요의 내재화(Internalization of Need)

가장 무서운 기제다. 처음에는 분명한 필요에 의해 구독을 시작했지만, 시간이 지나면서 그 제품이 정말 필요한지 아닌지를 더 이상 판단하지 않게 된다. 매달 어김없이 도착하는 택배 상자는 그 자체로 '이것은 내게 필요한 것'이라는 무언의 메시지를 전달한다. 우리는 시스템이 제공하는 것을 나의 필요라고 착각하게 된다.

'생각하는 소비자'의 종말

정기배송은 편리하다. 생각할 필요 없고, 기억할 필요 없으며, 알아서 도착한다. 일상의 자질구레한 루틴을 시스템이 대신 관리해주는 것이다. 이것은 분명 혁신이다. 더 쉽고, 더 자동화되었으며, 더 안정적이다.

정기배송이 주는 편리함의 이면에서 우리는 '선택권'이라는 소중한 가치를 잃어가고 있다. 한국소비자원 조사에서 정기배송 이용자의 51%가 '현재 이용 중인 정기배송의 정확한 월 결제 금액을 모른다'고 응답했다. 매달 카드에서 조용히 빠져나가는 금액을 우리는 더 이상 '소비'로 인식하지 않는다. 정기배송은 소비를 청구서에서 지워버렸다. 자신이 무엇에, 얼마를 내고 있는지 모르는 소비자가 자신의 소비를 통제하고 있다고 말할 수 있을까.

정기배송은 소비를 자동화하고, 자동화된 소비는 우리를 '생각하지 않는 소비자'로 만든다. 이제 고민은 사라졌다. 시스템이 알아서 보내준다는 편리함의 대가로 우리는 '생각하는 소비자'에서 '승인하는 수신자'로 전락하고 있다.

탈출 불가능한 미로, 이탈의 어려움

정기배송을 해지하려고 시도해본 적이 있는가? 대부분의 플랫폼은 구독은 클릭 한 번으로 가능하게 만들지만, 해지는 의도적으로 복잡하게 설계한다. 이는 '다크 패턴(Dark Patterns)'이라 불리는 사용자 인터페이스 설계 기법의 일종이다. 구독 신청은 단 3초면 충분하다. 눈에 잘 띄는 '구독하기' 버튼을 누르고, 결제 정보를 확인한 뒤 '동의'하면 끝이다.

해지는 전혀 다른 여정이다. 앱 깊숙한 곳에 숨겨진 해지 버튼을 찾아야 하고, 여러 번의 확인 절차를 거쳐야 하며, "해지하면 이런 혜택을 잃는다"는 협박성 메시지까지 마주해야 한다. 앱을 실행해 '설정' 메뉴를 찾고, '계정 관리'나 '구독 관리' 탭을 클릭한 뒤, 해지할 서비스를 선택하고 '해지 신청'을 누른다. 그러면 어김없이 '정말 해지하시겠습니까?'라는 팝업창이 뜨고, 다음 단계에서는 '해지 시 다음 혜택을 잃게 됩니다'라는 경고가 나타난다. 이 모든 장벽 앞에서 결국 우리는 "에이, 한 달에 몇천 원인데 뭐" 하며 해지를 포기한다. 우리의 통장에서는 매달 조용히, 꾸준히 금액이 빠져나간다. 우리의 삶은 점점 더 많은 '자동 결제 항목'에 의해 운영된다. 우리는 언제부터 우리 삶의 운영권을 이토록 쉽게 시스템에 위임하게 되었을까?

　당신은 몇 개의 서비스를 구독하고 있는가? 당신이 매달 결제하는 서비스 중 정말 필요한 것은 몇 개나 되는가? 당신은 지금 선택하는 소비자인가, 아니면 시스템이 보내주는 것을 수령하는 수신자인가? 편리함의 대가로 우리가 포기한 것은 무엇인가? 선택의 자유인가, 변화의 가능성인가, 아니면 삶에 대한 통제권인가?

AI는 당신의 욕망을 생산한다

26.

"당신은 소비 주도권을 누구에게 양도했는가?"

기업들은 이제 AI를 활용해 소비자의 욕망을 사후적으로 충족하는 것을 넘어, 욕망 자체를 사전에 설계하고 생산하는 단계로 진입했다. 맥킨지 글로벌 인스티튜트는 개인화 추천 시스템이 소비자의 구매 결정에 영향을 미치는 비율이 온라인 거래의 35%에 달한다고 분석했다. 아마존 전체 매출의 35%, 넷플릭스 시청의 80%가 추천 알고리즘에서 발생한다. 우리는 스스로 원해서 선택한다고 믿지만, 선택의 상당 부분은 이미 기업이 AI를 통해 설계한 경로 안에 있다.

나의 소비 주도권은 지금 누구에게 있는가.

욕망의 생산: 충족에서 창조로

전통적인 마케팅은 이미 존재하는 인간의 욕망을 발견하고 그것을 충족시키는 데 집중했다. 배고픈 사람에게는 음식을, 피곤한 사람에게는 휴식을, 목마른 사람에게는 음료를 파는 식이었다. 욕망은 언제나 상품보다 먼저 존재했고, 기업의 역할은 그 욕망을 더 효과적으로, 더 매력적으로 충족시키는 방법을 찾는 것이었다.

AI를 활용하는 플랫폼 기업들은 이 관계를 근본적으로 뒤집는다. 이들은 한 단계 더 나아가, 당신이 아직 인식하지 못한, 혹은 존재하지 않았던 욕망을 '생산'하기 시작한다. 삼성 갤럭시 워치, 애플 워치, 핏빗 같은 웨어러블 기기는 수면의 질, 심박수, 혈중 산소 포화도를 실시간으로 측정하고, 연동된 앱을 통해 "수면 효율이 낮습니다", "활동량이 부족합니다" 같은 알림을 보낸다. 2024년 한국 성인의 웨어러블 기기 보유율은 27.3%로, 2019년 대비 3.2배 증가했다. 이 기기들이 문제를 '발견'하는 순간, 그 문제를 해결할 상품을 추천하는 알고리즘이 작동한다. 없었던 문제가 인식되고, 해결할 수 있는 유일한 방법은 새로운 상품을 구매하는 것이 된다. 기업은 AI라는 도구를 통해 당신에게 없었던 욕망을, '불안'이라는 씨앗을 심어 생산해낸 것이다.

소비의 주도권은 그렇게 조용히 역전된다. 과거에는 내가 필요를 느끼고 물건을 찾았다면, 이제는 기업의 시스템이 문제를 발견하고 해결책(상품)을 제시하며 내가 그것을 승인하는 구조로 변모했다. 욕망의 주인이었던 나는, 어느새 기업이 AI를 통해 생산한 욕망을 소비하는 객체가 되어가고 있는지도 모른다.

건강관리와 조작의 경계

물론 기업이 AI를 통해 제공하는 이러한 개입은 명백한 가치를 지닌다. 데이터에 기반한 분석은 잠재적 건강 문제를 조기에 발견하고, 더 나은 식단을 제안하며, 전반적인 생활 습관을 개선하는 데 실질적인 도움을 준다. 이는 더 과학적이고, 더 정확하며, 더 효과적인 자기관리 방식임이 분명하다. AI가 사용자의 혈당 스파이크 패턴을 분석하여 당뇨 위험을 조기에 경고하고 식단 조절을 돕는다면, 그것은 기술이 인류의 건강에 기여하는 숭고한 사례가 될 것이다.

하지만 이면에는 '조작'이라는 짙은 그림자가 존재한다. 나 역시 비슷한 경험을 한 적이 있다. 어느 날, 내가 사용하던 건강 관리 앱에서 경고 알림이 울렸다. "당신의 콜레스테롤 수치가 위험 수준에 근접하고 있습니다. 이 영양제를 섭취하세요." 앱은 나의 식단 기록과 활동량을 분석한 그래프까지 함께 보여주었다. 구체적인 수치와 시각 자료 앞에서 나는 덜컥 겁이 났다. 그동안 건강에 무심했던 스스로를 자책하며, 망설임 없이 앱이 추천하는 영양제의 정기배송을 신청했다. 문제가 즉시 해결될 것이라는 안도감이 들었다.

몇 달 뒤 회사 건강검진을 받아본 결과는 의외였다. 나의 콜레스테롤 수치는 지극히 정상 범위에 속해 있었다. 의사는 아무런 문제가 없다고 했다. 그 순간, 몇 달간 꼬박꼬박 결제했던 영양제와 나를 불안에 떨게 했던 앱의 경고가 떠올랐다. AI가 무엇을 근거로 그런 진단을 내렸는지, 알고리즘이 어떤 상업적 목적과 연결되어 있는지 나는 알 길이 없었다. 다만 명확한 데이터로 포장된 경고 앞에서 한 개인의 불안이 얼마나 쉽게 소비로 이어질 수 있는지, 서늘한 현실을 체감했을 뿐이다.

또 다른 경험도 있다. 운동 부족을 지적하는 AI의 집요한 알림에 시달리던 때였다. 스마트워치는 매일 저녁 "오늘 목표 활동량을 채우지 못했습니다"라는 메시지를 보냈고, AI 비서는 "규칙적인 운동은 스트레스 해소에 도움이 됩니다"라며 홈트레이닝 기구를 추천했다. 사실 운동은 귀찮아서 안 하는 것이지, 기구가 없어서가 아니었다. 내 게으름의 문제라는 것을 스스로 잘 알고 있었다. AI가 나의 건강 데이터를 근거로 꾸준히 게으름을 질책하는 듯한 알림을 보내오자, 나는 일종의 죄책감에 시달렸다. 결국 죄책감을 이기지 못하고 고가의 홈트레이닝 기구를 덜컥 구매하고 말았다. 물론 그 기구는 한 달도 채 사용하지 않은 채, 지금은 거실 구석에서 옷걸이 신세가 되어 나의 실패한 의지를 증명하고 있다.

이처럼 기업은 AI를 통해 우리의 건강을 염려하는 충실한 비서의 얼굴을 하고 있지만, 동시에 우리의 불안과 죄책감을 자극하여 불필요한 소비를 유도하는 교묘한 세일즈맨의 역할을 수행하기도 한다. 건강 관리라는 숭고한 명분과 상업적 조작이라는 욕망 사이의 경계는 이토록 아슬아슬하다.

합리성으로 포장된 충동, 직관의 소멸

기업이 AI를 활용해 구축한 추천 시스템의 가장 교묘한 지점은 그것이 생산한 욕망을 지극히 '합리적인 선택'으로 포장한다는데 있다. 과거의 광고가 "이 향수를 뿌리면 당신도 매력적인 사람이 될 수 있어요!"와 같이 감정에 호소했다면, 우리는 "과장된 말"이라며 쉽게 유혹을 거부할 수 있었다. 하지만 현대의 플랫폼 기업들은 데이터로 무장한다. "당신의 심박수, 수면 시간, 활동량을 종합 분석한 결과, 이 제품이 당신의 건강 증진에 반드시 필요합니다."

구체적인 숫자와 정교한 그래프 앞에서 우리의 직관은 힘을 잃는다. '내 몸은 괜찮다고 느끼는데…'와 'AI가 데이터를 보여주는데…'라는 두 생각 사이에서, 우리는 점차 자신의 감각을 불신하고 데이터의 권위를 신뢰하게 된다. 결국 우리는 시스템의 제안을 따르고, 구매 후에는 "역시 내가 필요했던 거였어"라고 스스로를 납득시키며 인지부조화를 해소한다. 필요는 정말 내 안에서 비롯

된 것일까, 아니면 시스템에 의해 주입된 것일까?

이 과정이 반복되면 우리는 점차 우리 몸이 보내는 미세한 신호를 듣는 능력을 상실한다. "배고프다"는 감각 대신 "식사 시간 알림"을, "피곤하다"는 느낌 대신 "수면 부족 경고"를 더 신뢰하게 된다. 과거의 우리가 "배고프면 밥을 먹고, 피곤하면 쉬라"는 몸의 목소리를 들었다면, 현재의 우리는 "배고픈가? AI에게 확인해봐야지"라며 데이터의 판결을 기다린다. 우리는 점점 더 우리 몸의 목소리 대신 시스템의 목소리만 듣는 존재가 되어가고 있다.

우리는 건강 개선, 잠재 문제 발견, 합리적 선택이라는 가치를 얻었다. 하지만 그 대가로 진짜 욕망, 직관에 대한 신뢰, 소비의 주체성을 잃어가고 있다.

기업이 AI를 통해 생산한 욕망과 나의 진짜 욕망을 구분하는 것은 점점 더 어려워진다. 시스템이 제시하는 모든 데이터는 똑같이 과학적으로 보이고, 모든 제안은 똑같이 합리적으로 보이며, 모든 상품은 똑같이 필요해 보인다. 이 거대한 합리성의 그물망 속에서, 우리는 시스템이 설계한 '최적의 삶'을 살게 되지만, 정작 '나의 삶'을 잃어버리는 역설에 직면한다.

당신의 욕망은 당신의 것인가, 아니면 기업이 AI를 통해 생산한

것인가? 오늘 저녁, AI에게 묻기 전에, 데이터를 보기 전에, 스스
로에게 물어보라.

"나는 정말 이 메뉴가 먹고 싶은가?"

인간은 이제
시스템의 변수다

27.

한 물류 회사의 관제 센터, 혹은 이커머스 기업의 데이터 분석실을 상상해 본다. 거대한 스크린에는 도시 전체가 실시간으로 시각화되어 있다. 화면 위에는 수천, 수만 개의 점들이 쉼 없이 움직인다. 파란 점은 배송 기사, 빨간 점은 배송 차량, 초록 점은 주문을 기다리는 고객이다. AI 시스템은 이 점들을 끊임없이 재배치하며 도시의 혈류를 조율한다. 모든 결정은 0.01초 만에 내려지고, 화면 위의 점들은 명령에 따라 일사불란하게 움직인다. 거대한 디지털 오케스트라 속에서 개별 점의 서사나 감정은 존재하지 않는다. 오직 효율적인 흐름을 위한 최적의 경로만이 존재할 뿐이다.

더 이상 먼 미래의 이야기가 아니다. 이미 우리 삶의 배후에서 작동하고 있는 현실이다. 그 속에서 더 이상 고유한 이름을 가진 개인이 아니라, 시스템의 효율을 결정하는 하나의 '변수'가 되어가고 있다.

인간의 데이터화: 이름이 지워진 자리

빅데이터와 인공지능이 지배하는 시대, 인간은 점점 더 추상적인 '데이터 포인트'로 환원되고 있다. 개인정보보호위원회 조사에 따르면, 국내 주요 이커머스 플랫폼들이 수집하는 개인 데이터 항목은 평균 73개에 달한다. 이름과 주소 같은 기본 정보를 넘어, 구매 이력, 검색 패턴, 페이지 체류 시간, 클릭 경로, 심지어 스크롤 속도까지 포함된다. 시스템의 눈에 비친 당신은 이제 '30대, 서울 거주, 월평균 주문 4.2회, 주 선호 카테고리: 신선식품, 주 활동 시간: 22시~24시'와 같은 데이터의 집합일 뿐이다. 이름은 사라지고, 얼굴은 지워졌으며, 오직 통계적 특성만이 남아 당신을 규정한다.

시스템은 당신을 인격체로 대하지 않는다. 당신은 시스템의 효율을 극대화하기 위한 방정식의 한 '변수'에 불과하다. 배송 시간(X), 고객 만족도(Y), 재구매율(Z) 같은 변수들을 조정하여 최적의 결과를 도출하는 과정에서, 당신이 오늘 행복한지, 지쳤는지, 외로운지와 같은 인간적 맥락은 고려되지 않는다. 중요한 것은 오직 당신이 예측 가능한지, 통제 가능한지, 시스템의 효율성에 기여하는지 여부다. 쇼샤나 주보프(Shoshana Zuboff) 하버드대 명예교수가 『감시 자본주의 시대』에서 통찰했듯, 우리의 경험은 이제 시스템의 예측 상품을 만들기 위한 원재료로 전락했다.

이러한 데이터화는 비단 소비자에게만 국한되지 않는다. 플랫폼 노동자 역시 마찬가지다. 관제 센터 화면 위의 파란 점 하나하나는 실제 사람이다. 국토교통부 조사에 따르면 국내 택배 배송 기사는 약 7만 명이다. 이들은 시스템이 배정한 경로를 따라 하루 평균 200개 안팎의 배송을 소화한다. 효율만을 추구하는 시스템의 언어 속에서 '이 점을 여기로 옮기면 5분 단축'이라는 계산만이 남는다. 시스템에게는 그 점이 배달할 집을 향해 계단을 오르는 사람이라는 사실이 변수로 입력되지 않는다. 시스템의 언어는 인간을 비인격적인 대상으로 재구성하고, 그 과정에서 우리는 서로를 데이터로 인식하는 데 익숙해진다.

예측 가능성의 폭력: 당신은 당신을 놀라게 할 수 있는가

기업의 AI는 당신을 예측한다. 당신이 언제 무엇을 주문할지, 어떤 광고에 반응할지, 언제 서비스를 해지할지. 이 예측은 놀라울 정도로 정확하다. 당신이 스스로도 의식하지 못했던 행동 패턴을 AI는 이미 꿰뚫고 있다. 얼마 전, 나는 한 쇼핑 앱으로부터 '당신은 87% 확률로 이 제품을 구매할 것이다'라는 알림을 받은 적이 있다. 기분이 썩 좋지 않아 일부러 구매하지 않고 버텼지만, 결국 일주일 뒤 다른 필요에 의해 그 제품을 구매하고 말았다. 나는 자유의지로 선택했다고 믿었지만, 결국 통계 그 자체였던 셈이다.

완벽한 예측 가능성은 그 자체로 하나의 폭력이 될 수 있다. 인간의 가장 근원적인 가치인 '자유'를 위협하기 때문이다. 자유의 본질은 선택할 수 있다는 가능성에만 있지 않다. 자유는 또한 '예측되지 않을 가능성', 즉 다르게 행동할 수 있는 잠재력에 있다. 만약 당신의 모든 행동이 이미 확률적으로 계산되어 있다면, 당신의 선택은 과연 진정한 의미의 선택일 수 있을까? 당신은 자유롭게 행동한다고 믿지만, 사실은 알고리즘이 예측한 가장 확률 높은 경로를 충실히 따라가고 있을 뿐인지도 모른다.

우리는 더 이상 우리 자신을 놀라게 할 수 없는 존재, 시스템의 예측 범위 안에서 안전하게 살아가는 존재가 되어가고 있다.

자기 배려의 외주화: 시스템이 돌보는 삶

프랑스 철학자 미셸 푸코(Michel Foucault)는 말년에 '자기 배려(Care of the Self)'라는 개념을 통해 주체적인 삶의 중요성을 강조했다. 이는 자신의 내면을 성찰하고, 자신의 욕망을 이해하며, 스스로를 돌보는 실천적 행위를 의미한다. AI가 지배하는 시대에 우리는 이 '자기 배려'의 기술마저 시스템에 외주화하고 있다.

"내가 진짜 원하는 게 뭐지?"라는 질문을 스스로에게 던지는 대신, 우리는 AI에게 묻는다. "오늘 점심메뉴로 나에게 가장 좋은 선택은 뭐야?" 시스템은 우리의 건강 데이터, 소비 패턴, 심리 상태를 분석하여 '최적화된 삶'을 제안하고, 우리는 제안을 수용함으로써 자기 관리의 의무에서 해방된다. AI가 나의 수면 데이터를 분석해 커피 섭취 시간을 조절해주고, 냉장고 속 재료를 파악해 저녁 메뉴를 추천해주는 삶은 분명 편리하다.

편리한 해방의 대가는 주체성의 상실이다. 우리는 더 이상 우리 삶의 주인이 아니라, 시스템이 관리하는 잘 조율된 객체로 전락할 위험에 처해 있다. 스스로의 결핍을 인지하고, 그것을 해결하기 위해 고민하고, 때로는 실패하는 모든 과정이 생략된다. 시스템이 나보다 나를 더 잘 안다고 믿는 순간, 우리는 스스로를 이해하려는 노력을 멈추게 된다.

무엇을 얻고 무엇을 잃었는가

시스템의 눈을 통해 우리는 전례 없는 효율과 개인화된 편의를 얻었다. 도시 전체가 하나의 유기체처럼 실시간으로 조율되고, 나의 필요는 내가 인지하기도 전에 예측되어 충족된다. 이것은 분명한 진보다. 더 빠르고, 더 정확하며, 더 효율적인 세상을 열었다.

완벽한 최적화의 과정에서 우리는 인간 고유의 가치들을 잃어가고 있다. 예측 불가능성이 주는 자유, 통계로 환원되지 않는 존엄성, 스스로의 삶을 만들어간다는 주체성의 감각이 바로 그것이다. 우리는 시스템이 제공하는 안락함 속에서 점점 더 예측 가능한 존재가 되고, 시스템의 변수로서 효율적으로 기능하는 법을 배

우지만, 정작 인간으로 살아간다는 것의 의미는 잊어가고 있는지
도 모른다.

　오늘 스스로에게 물어보라. 당신은 언제부터 시스템이 예측 가
능한 '점'이 되었는가? 당신은 언제부터 확률로 설명되는 '통계'
가 되었는가?

　가장 중요한 질문. 당신은 아직 당신 자신을 놀라게 할 수 있는
가? 기업의 AI가 예측하지 못한 선택을, 데이터가 말하는 것과 다
른 행동을 할 수 있는가? 그것이 어쩌면 이 시스템 시대에 우리에
게 남은 자유의 마지막 보루일지 모른다. 예측되지 않을 권리, 통
계를 벗어날 권리, 온전한 '사람'일 권리 말이다.

28

배송은 문명의
인프라가 되었다

아침에 일어나 화장실로 향한다. 수도꼭지를 틀자 맑은 물이 쏟아진다. 우리는 저수지에서 정수장, 복잡한 지하 배관을 거쳐 온 물의 여정을 묻지 않는다. 거실 스위치를 올리자 방 안이 환해진다. 우리는 발전소의 터빈과 수백 킬로미터의 송전탑을 거쳐 온 전기의 노고를 생각하지 않는다. 너무나 당연해서 마치 공기처럼 존재하기 때문이다.

오늘 우리는 세 번째 기적을 맞이했다. 밤 11시에 스마트폰을 몇 번 두드렸을 뿐인데, 다음 날 새벽 문 앞에는 신선한 우유와 계란이 놓여있다. 우리는 이 경이로운 현상을 매일 누리면서도, 그것이 얼마나 복잡한 데이터 분석과 고도화된 물류 시스템, 수많은 사람의 밤샘 노동을 거쳐 내 손에 닿았는지 묻지 않는다. 배송은 이제 전기와 상수도처럼, 우리 문명을 떠받치는 보이지 않는 인프라의 반열에 올라섰다.

배송은 이제 전기, 수도처럼 우리 문명을 떠받치는
보이지 않는 인프라가 되었다. 사진=우아한청년들

산업에서 인프라로: 쇼핑의 결과에서 생존의 전제로

불과 10여 년 전만 해도 배송은 '쇼핑의 결과'였다. 물건을 직접
들고오지 않는 대가로 며칠을 기다려 물건을 받는 부차적인 서비
스에 불과했다. 상황은 완전히 역전되었다. 배송이 멈추면 도시는
굶주리고, 경제는 마비되며, 개인의 일상은 무너진다.

2015년 4,000억 원에 불과했던 새벽배송 시장은 2025년에는
15조 원을 넘어섰다. 여기에 '순간'을 지배하려는 퀵커머스 경쟁
이 더해지며 속도의 전쟁은 극에 달했다. 2020년 3,500억 원 수준
이었던 국내 퀵커머스 시장은 연평균 220%에 가까운 성장률을

보이며 2025년 약 5조 원 규모로 추정된다. 5년 만에 14배 이상 성장한 셈이다. 배달의민족의 'B마트', 쿠팡의 '쿠팡이츠 쇼핑'을 필두로 GS리테일, CU 등 편의점 업계까지 가세하며 '30분 배송'은 새로운 표준이 되었다. 새벽배송 15조 원, 퀵커머스 5조 원, 합산 20조 원에 달하는 이 거대한 '즉시배송', 대한민국 배송 시장의 현 주소다.

거대한 흐름이 멈추는 순간을 상상해보라. 2019년 7월, 쿠팡의 시스템에 전산 오류가 발생했다. 단 몇 시간 동안이었지만 전국의 모든 상품이 '품절'로 표시되며 주문이 전면 중단되었고, 일상은 순식간에 마비되었다. 온라인 커뮤니티에는 "아침에 배송받아야 할 생필품을 주문하지 못해 당황스럽다", "익숙했던 시스템이 멈추니 아무것도 할 수 없다"는 소비자들의 불안이 쏟아졌다. 이는 단순한 쇼핑몰의 장애를 넘어, 시스템이 멈추는 순간 개인의 일상 전체가 흔들릴 수 있음을 보여준 상징적인 사건이었다. 국토교통부는 택배·새벽배송을 포함한 물류 인프라를 국가 핵심 기반시설로 규정하고, 재난 상황에서의 물류 중단이 연관 산업 전반에 미치는 연쇄 피해를 주요 리스크로 분류하고 있다.

이것은 더 이상 하나의 '산업'이 흔들리는 수준의 이야기가 아니다. 도시를 지탱하던 거대한 기둥 하나가 뽑혀나가는 것과 같다. 배송은 이제 돈을 지불하고 선택하는 '산업'의 영역을 넘어,

문명을 지탱하는 '기본 기능(Fundamental Function)'이 되었다. 전기가 끊기면 안 되듯, 수도가 끊기면 안 되듯, 이제 배송이 끊기는 것도 허용되지 않는 시대가 온 것이다.

보편성의 역설: 민주성과 새로운 격차

배송은 지극히 민주적인 얼굴을 하고 있다. 누구나 스마트폰 앱하나로 같은 서비스를 받을 수 있다. 서울 강남의 부유층이든, 오래된 다세대주택의 노인이든, 같은 비용을 내고 새벽에 신선식품을 주문할 수 있다. 엘리베이터 없는 5층에 사는 노인이 무거운 생수 묶음을 더 이상 나르지 않아도 되고, 갓난아이가 있는 부모가 분유나 기저귀를 사러 급히 외출할 필요가 없게 되었다. 이것은 분명한 진보다. 더 평등하고, 더 높은 접근성을 제공하며, 더 보편적인 혜택을 약속한다.

눈부신 보편성의 빛 뒤에는 새로운 그림자가 드리운다. 시스템이 닿지 않는 곳은 더 깊은 어둠 속으로 밀려난다. '배송 음영 지역'이라는 신조어는 이 새로운 불평등을 상징적으로 보여준다. 2023년 택배 서비스 실태조사에 따르면, 도서·산간 지역 주민의 41.3%가 온라인 쇼핑 시 추가 배송비 부담으로 구매를 포기한 경험이 있다고 응답했다. 5,000원짜리 생필품에 배송비가 7,000원에서 1만 원이 붙는 구조에서 온라인 쇼핑은 오히려 역차별이 된다. 이러한 '물류 사막(Logistics Desert)' 현상은 단순히 물건 수령의 불편함을 넘어, 농어촌 지역 청년들이 고향을 떠나는 주요한 원인 중 하나로 꼽히기도 한다. 배송 인프라의 유무가 곧 삶의 질을 결정하는 핵심 지표가 되면서, 배송망이라는 새로운 형태의 사회간접자본(SOC)에서 소외된 지역은 기능적으로 현대 문명에서 격리된 '섬'으로 남게 된다.

법이 인정한 순간

2021년 7월 27일, 대한민국은 법률로 선언했다. 배송은 더 이상 선택이 아니라 필수라고. 생활물류서비스산업발전법(이하 생활물류법)이 시행된 그날, 택배는 24년 만에 독립 법률을 갖게 되었다. 이전만해도 화물자동차운수사업법 시행규칙의 짧은 몇 줄로만 규정되던 택배가 국회의 심의와 의결을 거쳐야 하는 정식 법률의 주인공이 된 것이다. 행정편의를 위한 최하위 법형식에서 독립 법률이 되었다. 이 결과가 의미하는 것은 명확하다.

법의 위계는 사회적 중요성의 위계다. 생활물류법 제1조는 이렇게 명시한다. "국민의 편익 증진과 생활물류서비스산업의 건전한 발전을 도모함을 목적으로 한다." 여기서 핵심은 "국민의 편익"이라는 표현이다. 배송은 이제 기업과 소비자 간의 상거래를 넘어, 국민의 기본적 편익을 지원하는 사회 시스템으로 재정의되었다.

법의 명칭 자체가 이 전환을 웅변한다. "생활물류". 산업재도 아니고, 유통재도 아닌, "생활"이라는 단어가 붙었다. 이것은 배송이 산업의 영역에서 문명의 영역으로 이동했음을 뜻한다. 기업의 서비스가 아닌 국민의 권리로, 경제 정책이 아닌 사회 정책으로 격상된 것이다.

법은 현실을 추인한다. 2021년, 현실이 이미 명백하게 보여주었다. 법이 시행된 그해 대한민국 국민은 1인당 연간 63개의 택배를 받았다. 전체 택배 물동량은 33억 개. 주 1.2회, 거의 매주 한두 번씩 배송을 받는 사회였다. 새벽배송 시장은 11조 8,000억 원 규모로 성장해 있었고, 음식배달은 이미 일상의 일부가 되어 있었다. 이 숫자들이 입법을 강제했다.

법이 현실을 인정한 순간, 현실은 더 빠르게 진화했다. 불과 4년 뒤인 2025년 택배 물동량은 60억 개를 넘어섰다. 2021년 대비 80% 이상 급증한 수치다. 1인당 연간 116개. 이제 우리는 사흘에 한 번꼴로 택배를 받는다. 새벽배송 시장은 15조 원으로 폭발했다. 음식배달은 26조 원 규모로 성장하며 외식 산업의 35%를 차지하게 되었다. 택배, 새벽배송, 음식배달을 합치면 연간 50조 원이 넘는 시장이다.

법이 배송을 필수 인프라로 인정한 것은 옳았다. 하지만 현실은 법의 예측보다 훨씬 빠르게 움직였다. 배송 없이는 도시가 작동하지 않는 단계를 이미 넘어섰다. 전기가 끊기면 안 되듯, 수도가 멈추면 안 되듯, 배송이 중단되는 것도 허용되지 않는다. 법은 이 사실을 공식화했다. 배송은 이제 전기, 수도, 통신과 동일한 반열에 오른 필수 생활 인프라다. 선택 사항이 아니라 기본 기능(Fundamental Function)이 되었다.

권리가 된 배송: 생존의 문제

2025년, 새벽배송 규제 논쟁과 심야 시간대 배송 제한을 요구했을 때, 사회는 격렬한 논쟁에 휩싸였다. 야간 노동의 위험성에 대한 깊은 공감대가 있었음에도 불구하고, 반대의 목소리 또한 거셌다. 정작 배송을 수행하는 일부 기사들과 자영업자, 수많은 소비자들이 일할 권리와 소비자 편익 침해를 주장하며 반발한 것이다. 쿠팡 택배 영업점 단체인 쿠팡파트너스연합회에 따르면 배송 기사의 90% 이상이 심야 배송 제한에 반대한다는 결과가 나오기도 했다. 그들에게 심야는 더 높은 수입을 올릴 수 있는 기회의 시간이기 때문이다.

이 논쟁은 배송이 더 이상 단순한 '편리함'의 문제가 아님을 명확히 보여주었다. 배송은 누군가에게는 '생존'의 문제가 되었다. 거동이 불편한 노인, 육아에 지친 맞벌이 부부, 격리된 환자들에게 새벽배송은 세상과 연결되는 거의 유일한 생명줄이다. 퇴근 후 장보기가 어려운 직장인에게 다음 날 아침 식료품을 받는 것은 사치가 아니라 필수다. 전기가 끊기면 생존을 위협받듯, 배송이 끊기는 상황은 특정 계층에게는 일상의 붕괴를 의미한다. 서비스가 특정 임계점을 넘어 사회 구성원 다수의 생존과 직결될 때, 그것은 사적 계약의 영역을 넘어 공공재적 성격을 띠게 된다. 유료 멤버십이라는 자본의 외피를 두르고 있을지라도, 실질적인 기능은 이미 우리 사회가 외면할 수 없는 기본권의 영역으로 들어서고 있다.

생활물류문명과 확장된 인류의 탄생

우리는 이제 '이동하는 인간(Homo Mobilis)'의 시대를 지나 '배송받는 인간(Homo Delivericus)'의 시대로 진입했다. 이 새로운 인간형은 물리적 거리를 극복하기 위해 자신의 신체적 에너지를 쓰지 않는다. 대신 에너지를 데이터 생산과 가치 소비, 창의적 활동에 집중한다. 우리 몸의 물리적 이동은 줄었지만, 우리의 의지는 물류 네트워크를 통해 도시 전체로, 나아가 전 세계로 뻗어나간다. 이것은 시스템이라는 거대한 외부의 두뇌와 근육을 내 몸의 일부처럼 사용하는 '확장된 인류(Extended Humanity)'의 탄생에 가깝다.

배송 문명은 우리에게 '시간'이라는 가장 귀한 선물을 주었지만, 대신에 '자급자족의 능력'을 가져갔다. 이제 내 손으로 밥을 짓고 물건을 고치는 법보다, 앱을 통해 시스템을 호출하고 결과를 수령하는 법을 더 잘 안다. 이것을 퇴화라고 부를 수 있을까? 그렇지 않다. 이는 마치 인류가 문자를 발명함으로써 기억의 부담을 덜고 더 고차원적인 사유를 할 수 있게 된 것과 유사한 진화의 한 형태일 수 있다. 우리의 신체는 정지해 있지만, 우리의 영향력과 선택의 범위는 시스템을 통해 무한히 확장되었다.

배송 문명의 대차대조표

우리가 얻은 것	우리가 내어준 것 (혹은 달라진 것)
인프라화된 편리함: 예측 가능하고 안정적인 일상을 보장받게 되었다.	**시스템 의존 심화**: 시스템이 멈추면 일상이 마비되는 취약성을 갖게 되었다.
보편적 접근성 향상: 신체적, 지리적 약자에게 세상과 연결될 수 있는 생명줄을 제공했다.	**새로운 격차의 발생**: '배송음영지역'이 생겨나며 시스템 접근성에 따른 새로운 불평등이 심화되었다.
시간이라는 자원의 재분배: 이동과 가사에 소요되던 시간을 절약하여 더 가치 있는 활동에 집중할 여유를 얻었다.	**자급자족 능력의 약화**: 스스로 문제를 해결하고 생존에 필요한 기본적인 기술을 유지하는 능력이 약화되었다.

결국 질문은 남는다. 배송은 여전히 수많은 기업이 경쟁하는 하나의 '산업'인가, 아니면 모든 시민이 안정적으로 누려야 할 문명의 '기본 기능'인가? 만약 후자라면, 우리는 이 시스템의 안정성과 보편성을 위해 어떤 사회적 합의를 만들어가야 하는가? 수도와 전기처럼 이제 우리는 배송의 미래를 논해야 할 시점에 이르렀다.

그리고 언제까지 배송될 것인가

29.

2025년의 마지막 날, 한 해 동안 대한민국을 오간 배송 상자와 봉투들을 한곳에 쌓는다면 어떤 풍경이 펼쳐질까. 아마도 그것은 남산의 높이를 훌쩍 넘고, 롯데월드타워의 그림자를 가리는 거대한 산맥을 이룰 것이다. 우리는 그 산맥의 꼭대기에서 편리함이라는 깃발을 흔들고 있지만, 그 산의 지반이 언제까지 우리의 무게를 견뎌낼 수 있을지는 아무도 묻지 않는다.

2025년 말 기준, 대한민국에서 처리된 전체 배송 물동량은 택배와 음식 배달 등을 합쳐 70억 건에 육박할 것으로 추산된다. 이는 5년 전인 2020년과 비교해 거의 두 배 가까이 폭증한 수치다. 국민 1인당 연간 130회 이상, 사흘에 한 번꼴, 아니 매일 무언가를 배송받는 시대. 이 거대한 흐름은 이제 멈출 기미를 보이지 않는다. 중국 이커머스 플랫폼의 공습, 중고거래 시장의 폭발적 성장, '더 빠르게'를 외치는 업체들의 속도 경쟁이 맞물리면서 물동량은 포화점을 향해 치닫고 있다. 하지만 이 성장은 과연 지속 가능한가. 우리는 지금 편리함이라는 이름으로 미래의 자원을 얼마나 빠른 속도로 소진하고 있는가.

환경, 감당할 수 없는 속도의 청구서

우리가 클릭 한 번으로 얻는 30분의 편리함 뒤에는 지구가 수백 년간 소화해야 할 플라스틱의 비명이 숨어있다. 배송의 속도가 빨라질수록 포장재는 필연적으로 늘어난다. 신선도를 유지하기 위한 스티로폼 박스와 아이스팩, 파손을 막기 위한 겹겹의 완충재, 개별 상품을 감싸는 비닐 포장까지. 이 모든 것이 단 몇 시간의 수명을 다한 뒤 거대한 쓰레기가 되어 우리에게 돌아온다.

우리의 편리함은 언제까지 지속 가능할까? 배송 시스템은 환경, 노동, 시스템 자체의 한계에 직면하고 있다. 사진=KBS 방송 갈무리

국가데이터처 자료에 따르면, 국내 재활용 폐기물 총량은 2020년 495만 톤에서 2023년 395만 톤으로 오히려 줄었다. 그런데 이 안에서 포장재만은 거꾸로 움직였다. 같은 기간 포장재 폐기물은 168만 톤에서 189만 톤으로 꾸준히 증가했다. 전체 재활용 폐기물에서 포장재가 차지하는 비중은 2020년 36.7%에서 2023년 47.8%로 급등했다. 재활용 쓰레기의 절반 가까이가 이제 포장재다. "가정에서 발생하는 재활용 쓰레기 중 포장 폐기물이 가장 많다"는 소비자 불만이 이 수치를 정확히 반영한다. 전 세계적으로는 팬데믹 이후 플라스틱 폐기물이 소폭 감소하는 추세를 보였지만, 배송 강국 대한민국은 홀로 역주행했다. 문제는 이 거대한 쓰레기 산을 감당할 물리적, 사회적 시스템이 한계에 다다랐다는 점이다.

쓰레기 문제만이 아니다. 배송 차량이 내뿜는 온실가스는 도시의 공기를 더욱 희뿌옇게 만든다. 국토교통부 온실가스 통계에 따르면, 국내 도로 화물 수송 부문의 탄소 배출량은 항공·철도·해운을 합산한 수치의 약 6배에 달한다. 우리가 주문한 떡볶이 한 그릇과 커피 한 잔을 실어 나르기 위해 수많은 오토바이와 트럭이 지금 이 순간에도 도시의 혈관을 따라 매연을 뿜어내고 있다. 국제에너지기구(IEA)는 전 세계 배송·물류 부문의 온실가스 배출 비중이 전체의 약 2.8%에 달한다고 분석했다. 결코 공짜가 아님을 명백히 보여준다.

글로벌 규제의 시계는 이미 빠르게 움직이고 있다. 유럽연합(EU)은 2025년부터 '기업 지속가능성 보고 지침(CSRD)'을 통해 역내 활동 기업들에게 공급망 전반의 탄소 배출량(Scope 3) 공개를 의무화했다. 페덱스(FedEx)는 2040년까지, 아마존(Amazon)은 2019년에 이미 탄소중립을 선언하고 전기 배송 차량 10만 대를 주문하는 등 발 빠르게 움직이고 있다. 하지만 한국의 배송 시스템은 여전히 '속도'라는 단 하나의 가치에만 매몰되어 있는 듯 보인다. 일부 대형사들이 전기화물차를 시범 도입하고 있지만, 하루 수천만 건에 달하는 전체 물동량에 비하면 미미한 수준에 불과하다. 강화되는 국제 규제와 시장의 요구 앞에서, '속도'에만 집중해 온 우리의 배송 시스템은 지속가능성이라는 거대한 장벽에 부딪힐 수밖에 없다.

노동, 버틸 수 없는 구조의 균열

시스템의 속도를 떠받치는 것은 기술만이 아니다. 이면에는 알고리즘의 지시에 따라 자신의 몸을 한계까지 밀어붙이는 수많은 노동자의 땀과 위험이 있다. '10분 배송'이라는 기적은 누군가에게는 신호를 무시하고 인도를 질주해야만 지킬 수 있는 위태로운 약속이다. '새벽 도착'이라는 안락함은 누군가에게는 칠흑 같은 어둠 속에서 밤샘 노동을 감내해야만 가능한 결과물이다.

2017년부터 2024년 6월까지, 택배기사 중 뇌혈관·심장질환으로 사망해 산업재해로 인정받은 노동자는 36명에 달한다. 하지만 이 숫자는 빙산의 일각일 뿐이다. 플랫폼은 노동자를 '직원'이 아닌 '개인사업자'로 분류하며 책임을 회피하고, 산재 통계에서조차 누락되는 그림자 노동자들이 존재한다. 한 이커머스의 배송 자회사는 2021년부터 2024년 8월까지 7,640건의 산재가 발생했지만, 공식 통계에 포함된 사망 산재는 단 한 건도 없었다는 사실은 이 구조적 모순을 극명하게 보여준다. 대리점 소속이라는 법적 지위 뒤에 가려져, 한 인간의 죽음은 시스템의 책임이 아닌 개인의 불운으로 기록될 뿐이다.

물론 2021년 사회적 합의 이후 택배 노동자의 주 평균 노동시간이 70시간대에서 60시간대로 단축되고, 고용·산재보험 가입률이 90%를 넘어서는 등 일부 개선이 이루어진 것은 사실이다. 하지만 속도 경쟁은 이러한 노력을 무력화시킨다. 분류 작업 시간이 줄어든 만큼 배송 건수는 늘어났고, 노동의 밀도는 오히려 높아졌다. '숨 쉴 틈 없이' 일해야 하는 현실은 변하지 않았다.

2025년 9월 출범한 3차 택배 사회적 대화는 '속도보다 생명'을 슬로건으로 내걸고 '초심야시간(자정~오전 5시) 배송 제한'을 핵심 의제로 올렸다. 하지만 노동자의 건강권과 소득 보전이라는 두 가치는 좀처럼 타협점을 찾지 못하고 있다. 일부 기사들은 심야 배송이 금지되면 생계에 타격을 입는다며 반발하고, 소비자들은 편익 침해를 우려한다. 시스템은 이미 너무 많은 사람의 생존과 일상을 인질로 잡고 있다. '속도보다 생명'이라는 구호는 여전히 현실의 벽 앞에서 공허하게 맴돌고 있다.

시스템, 스스로를 잠식하는 모순

우리가 누리는 빠른 배송 시스템은 기업들의 막대한 '계획된 적자' 위에서 세워졌다. 쿠팡은 창립 후 10여 년간 약 6조 원의 누적 적자를 감수하며 전국적인 물류 인프라를 구축했고, 그 투자가 결실을 맺어 2023년에야 첫 연간 흑자를 달성했다. 이처럼 천문학적인 초기 투자는 강력한 진입장벽이 되어 시장을 소수의 거대 플랫폼 중심으로 재편했다.

이제 그 인프라마저 포화 상태에 이르렀다. 수도권에는 대형 물류센터가 빽빽이 들어찼고, 도심에는 MFC와 다크스토어가 실핏줄처럼 퍼져나갔다. 더 이상의 물리적 확장은 극심한 비용 상승과 사회적 갈등에 부딪힐 수밖에 없다.

결국 시스템을 유지하기 위한 비용은 소비자에게 전가되기 시작했다. 쿠팡 와우, 배민클럽, 신세계 유니버스클럽 등 빠른 배송을 위한 유료 구독 모델은 많은 이들에게 이제 선택이 아닌 필수가 되었다. 우리는 과연 이 가격으로 끝없이 치솟는 물류 비용과 노동 조건 개선, 환경 규제까지 모두 감당할 수 있을까?

더 근본적인 모순은 '속도'가 더 이상 차별화된 경쟁력이 아니라는 점에 있다. 배송 경쟁력은 이제 업계 내 기본값이 되었다. 하지만 그렇다고 배송 경쟁 시장에서 빠질 수도 없는 상황이 되었다. 모두가 같은 속도로 달리기에 아무도 앞서 나가지 못하는 '레드퀸 효과(Red Queen Effect)'에 빠진 것이다. 당일배송이 표준이 되자 새벽배송이 등장했고, 새벽배송이 일상이 되자 30분 배송이 나타났다. 하루는 24시간이며, 시간의 물리적 한계는 명확하다. 자정에 주문해 새벽 5시에 받는 시스템이 보편화된 지금, 다음 단계는 과연 무엇일까? 시스템은 스스로를 넘어서기 위해 스스로를 잠식하는, 모순의 굴레에 갇혀있다.

환경은 연간 70억 개의 포장재를 언제까지 감당할 수 있는가? 노동은 주 60시간의 고강도 배송을 언제까지 지속할 수 있는가? 시스템은 더 빠른 속도를 향한 무한 경쟁을 언제까지 계속할 수 있는가?

2025년 말, 쿠팡에서 수천만 명의 개인정보가 유출되었을 때, 사람들은 분노했고 불안해했다. SNS는 "탈퇴한다"는 선언으로 들끓었다. 며칠 뒤, 사람들은 다시 주문 버튼을 눌렀다. 분노는 사라지지 않았지만, 주문은 멈출 수 없었다. 분노의 유효기간은 짧았고, 편리함에 대한 관성은 그보다 훨씬 강력했다.

어쩌면 이것이 배송 시스템의 지속가능성에 대한 가장 정직한 답일지도 모른다. 환경이 감당할 수 없어도, 노동이 버틸 수 없어도, 시스템이 스스로의 모순에 부딪혀도, 우리는 배송을 멈추지 못한다. 개인정보가 유출되어도, 과로사 뉴스를 접해도, 플라스틱 쓰레기 산을 봐도, 주문 버튼을 누른다. 배송은 지속 가능하지 않다. 배송은 계속될 것이다. 우리가 멈출 수 없기 때문이 아니라, 멈추지 않기 때문이다.

우리는 질문을 바꿔야 한다. "언제까지 배송될 것인가?"가 아니라, "우리는 무엇을 멈춰야 하는가?" 혹은 "우리는 여전히 선택할 수 있는가?"라고. 이 질문에 대한 답을 찾는 여정. 그것이 이 시대를 살아가는 우리 모두에게 주어진 가장 무거운 배송 품목일지 모른다.

HOMO DELIVERICUS

당신의 삶은 지금 어디로 배송되고 있는가

에필로그

2026년 1월 어느 월요일 아침. 한 남자가 눈을 뜬다. 창밖은 아직 어둡다. 시계는 6시 27분을 가리킨다. 이내 스마트폰 알림이 부드럽게 울린다. "새벽배송이 도착했습니다."

그는 일어나지 않는다. 어차피 물건이 거기 있다는 걸 안다. 현관문 앞, 익숙한 보냉가방 안에 어젯밤 11시에 주문한 우유와 계란, 빵이 담겨 있을 것이다. 7시가 되어 몸을 일으킨다. 화장실에 가고, 세수를 하고, 커피를 내린다. 커피 원두는 3주에 한번, 우유는 일주일에 한번, 같은 요일 같은 시간에 자동으로 배송된다.

아침을 먹으며 스마트폰으로 세상을 본다. 메일을 확인하고, 뉴스를 스크롤하고, 배달앱을 열어 점심을 미리 주문한다. 12시 30분 도착 예정.

오전 9시, 책상에 앉아 모니터를 켠다. 재택근무 3년차. 화상회의가 세 개 잡혀있다. 회의 중간중간, 초인종이 울린다. 10시 23분에는 어제 주문한 책이, 12시 31분에는 점심으로 시킨 샐러드가, 오후 3시 15분에는 간식용 과일이 도착한다. 문은 열지 않는다. "문앞에 놓고 갔습니다." 문자만 확인한다. 회의가 끝나면 한꺼번에 가져올 생각이다.

저녁 7시, 하루 일과가 끝난다. 모니터를 끄고 현관문으로 향한다. 문 앞에는 세 개의 봉투와 상자가 놓여있다. 저녁을 먹고 TV를 본다. 밤 9시, 다시 스마트폰을 든다. 내일 아침 먹을 빵을 주문한다. 10시, 침대에 눕는다. 하루가 끝난다.

그는 오늘 단 한 번도 집 밖으로 나가지 않았다. 아무도 만나지 않았고, 아무 곳에도 가지 않았다. 하지만 그의 냉장고는 채워져 있고, 오늘의 할 일은 완료되었으며, 그의 삶은 매끄럽게 작동했다. 효율적이었고, 편리했으며, 아무 문제가 없었다.

그날 저녁, 소파에 앉아 문득 생각한다.

"나는 오늘 하루를 살았을까, 아니면 시스템이 설계한 하루를 수행했을까?"

호모 딜리버리쿠스의 완성

이 책의 프롤로그에서 우리는 물었다. "나는 언제부터 밖에 나가지 않아도 살 수 있게 되었을까?" 이제 우리는 그 답을 안다. 그것은 어느 특정한 날에 일어난 사건이 아니었다. 너무나 편리하고 자연스러워서 우리가 알아채지 못한 사이에 완성된, 조용한 문명의 전환이었다.

우리는 호모 딜리버리쿠스(Homo Delivericus), 즉 '배송받는 인간'이 되었다. 이동하는 인간에서 배송받는 인간으로, 공간을 점유하는 존재에서 시스템의 종착점이 되는 존재로, 선택하는 주체에서 알고리즘의 협상 대상으로. 이 전환은 이제 거의 완성되었다. 우리는 더 이상 이전의 방식으로 돌아갈 수 없다.

거대한 대차대조표: 우리가 얻은 것과 잃어버린 것

부정할 수 없다. 우리는 이 전환을 통해 분명히 많은 것을 얻었다. 시간을 얻었고, 물리적 제약으로부터의 자유를 얻었다. 노인이 무거운 짐을 들지 않아도 되는 해방감, 이동이 어려운 장애인에게 편리해진 접근성, 육아 중인 부모가 아이를 데리고 마트에 가지 않아도 되는 안도감, 바쁜 직장인이 퇴근 후 장을 보러 가지 않아도 되는 여유. 배송은 삶을 더 쉽고, 더 빠르고, 더 효율적으로 만들었다. 10분 배송, 새벽 도착, 자동 주문, 맞춤 추천. 이 모든 것은 실제로 우리를 편안하게 해주었다.

동전의 뒷면처럼, 배송이 우리에게 준 것만큼이나 우리에게서 무언가를 앗아갔다. 우리는 공간 경험을 잃었다. 마트에 가는 길에 마주치던 겨울 아침의 차가운 공기, 여름 저녁의 따뜻한 바람, 골목을 걸으며 신체에 새겨지던 기억. 진열대 앞에서 무엇을 살지 고민하던 시간, 계산대에서 우연히 마주친 이웃과의 짧은 대화. 장바구니의 무게를 느끼고, 계단을 오르며 숨을 고르고, 집 도착 후 짐을 내려놓던 순간의 안도감. 이 모든 감각적 경험이 사라졌다.

우리는 우연의 여지를 잃었다. 집 밖에 나가면 예상치 못한 일이 일어난다. 우연히 친구를 만나고, 새로운 가게를 발견하며, 갑작스러운 비를 맞기도 한다. 배송은 모든 것을 예측 가능하고, 통제 가능하게 만들었다. 클릭하면 정확히 예상한 시간에, 정확히 주문한 물건이 도착한다. 그 과정에서 삶의 설렘을 주던 우연성이 소멸했다.

우리는 선택의 주체성을 의심하게 되었다. 우리는 여전히 선택한다고 믿지만, 선택은 이미 알고리즘이 제시한 좁은 옵션들 사이에서의 선택일 뿐이다. 기업은 AI를 통해 우리의 과거 구매 내역을 분석하고, 우리의 패턴을 학습하여 우리가 클릭할 것을 예측한다. 아니, 더 정확히 말하면, AI는 우리가 원할 것을 만들어낸다. 나의 욕망은 정말 나의 것인가?

우리는 신체성을 잃었다. 우리의 몸은 점점 더 많은 시간을 한 자리에서 보낸다. 걷지 않고, 물건을 들지 않으며, 계단을 오르지 않는다. 그저 스크롤하고, 클릭하고, 기다릴 뿐이다.

우리는 노동의 존엄을 외면했다. 이 거대한 시스템을 떠받치는 사람들이 있다. 고객이 새벽에 받을 물건을 위해 물류센터로 향하는 사람들, 비가 오나 눈이 오나 오토바이를 타고 도시를 가로지르는 사람들, 하루 종일 박스를 나르고 계단을 오르내리는 사람들. 그들은 알고리즘의 실행 유닛이 되었고, 평가 점수로 관리되며, 언제든 교체 가능한 부품으로 취급된다. 우리의 편리함은 누군가의 존엄을 대가로 얻어진 것이다.

구조 안에 갇힌 우리

2025년 11월, 쿠팡에서 수천만 명의 개인정보가 유출되었을 때 사람들이 분노하면서도 주문을 멈추지 못했던 기이한 풍경을 보았다. 왜였을까? 우리는 이미 선택할 수 없는 사람들이 되어 있었기 때문이다.

배송은 더 이상 선택사항이 아니다. 그것은 우리 삶의 운영체제(OS)다. 전기가 끊기면 안 되듯, 수도가 멈추면 안 되듯, 인터넷이 끊기면 안 되듯. 이제 배송이 중단되면 우리 일상은 즉각 마비된다. 우리는 이 구조 안에 너무나 깊숙이 편입되어, 의존이 선택의 결과가 아니라 구조가 만들어낸 필연적 상태가 되어버렸다.

10년 후, 2036년의 아이

상상해보라. 2036년, 한 아이가 태어나고 자란다. 그 아이는 태어날 때부터 모든 것이 배송되는 세상에서 산다. 우유도, 기저귀도, 장난감도, 책도, 모든 것이 문 앞으로 온다. 아이에게 마트나 시장은 박물관 속 풍경처럼 낯설지도 모른다. "밖에 나가서 장을 본다"는 행위는 놀이공원에 가는 것처럼 특별한 이벤트가 된다.

아이는 걷는 것의 의미를 어떻게 배울까. 물건을 직접 만져보고 고르는 감각을 알 수 있을까. 낯선 사람과 눈을 마주치고, 예상치 못한 우연을 받아들이는 법을 터득할 수 있을까. 이것은 비관적인 예측이 아니라, 우리가 지금 만들고 있는 세상의 미래에 대한 근원적인 질문이다.

그럼에도 불구하고, 우리가 할 수 있는 것

이 책은 해법을 제시하지 않는다. "이제부터 배송을 거부하고 직접 마트에 가라"고 섣불리 말하지 않을 것이다. 그것은 현실적이지도, 진정성 있지도 않다.

나는 1999년 물류 기자로 이 세계에 발을 들여놓았다. 2012년 물류 전문지 편집장이 되어 "생활물류"라는 개념을 제안했다. 택배, 새벽배송, 음식배달이 하나의 범주로 묶여야 한다고 주장했고, 이를 위한 법적 기반이 필요하다고 목소리를 높였다. 2021년 7월 27일, 생활물류서비스산업발전법이 시행되는 것을 보았다. 내가 제안한 용어가 대한민국의 법률 명칭이 된 순간이었다. 그리고 2025년, 나는 이 책을 쓰고 있다.

26년의 여정 동안 나는 이 시스템의 일부였다. 밖에서 관찰한 것이 아니라, 안에서 목격하고 제안하고 기록했다. 지금도 나는 이 시스템 안에 있다. 내일 아침 배송될 커피를 기다리며 이 글을 쓰고 있으니까. 우리는 이 거대한 흐름을 되돌릴 수는 없다.

하지만 우리가 할 수 있는 것은 있다. 바로 '**자각(自覺)**'이다.

자각은 저항이 아니다. 시스템을 파괴하거나 거부하는 행위가 아니다. 자각은, 시스템 안에서도 우리가 무엇을 하고 있는지, 편리함의 대가로 무엇을 내어주고 있는지를 정확히 인식하는 것이다. 클릭 버튼을 누를 때, 그것이 단순한 구매가 아니라 나의 시간과 주권을 일부 위임하는 계약임을 아는 것. 배송 기사를 볼 때, 그가 단순한 서비스 제공자가 아니라 이 시스템을 자신의 육체로 지탱하는 한 명의 인간임을 기억하는 것. AI의 추천을 받을 때, 그것이 나의 진짜 욕망인지 시스템이 생산한 욕망인지 한 번 더 묻는 것. 정기 배송을 설정할 때, 나는 편리함을 얻는 대신 선택의 기회를 포기하고 있음을 아는 것.

자각은 미약해 보인다. 아무것도 바꾸지 못하는 것처럼 보인다. 하지만 자각 그 자체가 변화의 시작이다. 완전한 자유는 아닐지라도, 완전한 무력함도 아니다. 우리는 이것을 '약한 희망(Weak Hope)'이라 부를 수 있을 것이다.

자각이 쌓이면 우리는 조금씩 달라진다. 어느 날, 당신은 배달 앱을 열다가 멈출 수도 있다. "정말 지금 이게 필요한가?" 스스로에게 묻고, 냉장고를 열어 이미 있는 것으로 무언가를 만들어낼 수도 있다. 어느 날, 당신은 배송을 주문하는 대신 직접 걸어서 마트에 갈 수도 있다. 비효율적이고 시간이 더 걸리지만, 그 길에서 계절을 느끼고, 골목의 변화를 보며, 무거운 장바구니의 무게를 통해 '이것이 삶이구나'라고 느낄 수도 있다. 어느 날, 당신은 배송기사에게 문을 열고 직접 물건을 받으며 "수고하셨습니다"라고 따뜻한 한마디를 건넬 수도 있다. 한마디가 시스템을 바꾸지는 못하지만, 그 순간 당신과 그는 시스템의 부품이 아닌 인간과 인간으로 만난다.

이 모든 작은 행위들이 세상을 극적으로 바꾸지는 않을 것이다. 하지만 당신은 바뀐다. 시스템의 부품이 아니라, 시스템을 이해하고 사용하는 인간으로 남을 수 있다. 완전히 자유롭지는 못하더라도, 적어도 우리가 어떤 상태에 있는지는 알 수 있다. 아는 것과 모르는 것 사이에는, 우리가 생각하는 것보다 훨씬 큰 차이가 존재한다.

이 책을 덮은 후

이 책을 덮은 후에도 당신은 여전히 물건을 주문할 것이다. 하지만 이제 당신은 알 것이다. 당신이 주문하는 것은 물건만이 아니라, 시스템에 대한 신뢰이자 의존이라는 것을. 당신의 현관문은 더 이상 당신만의 경계가 아니라, 거대 물류 네트워크의 종착점이라는 것을. 당신의 하루는 당신이 온전히 설계하는 것이 아니라, 알고리즘과 협상하며 만들어지는 것임을. 당신의 편리함은 누군가의 보이지 않는 노동과 희생을 대가로 한다는 것을.

이 인식의 전환이 당신의 삶을 극적으로 바꾸지는 않을 것이다. 하지만 당신은 이전과는 다른 의미로 살아가게 될 것이다. 같은 버튼을 누르더라도, 그 행위의 무게를 아는 사람으로. 같은 시스템 안에 있더라도, 그 구조를 이해하는 사람으로. 편리함을 누리면서도, 그 대가를 성찰할 수 있는 사람으로.

프롤로그에서 우리는 물었다.

"나는 언제부터 밖에 나가지 않아도 살 수 있게 되었을까?"

이제 마지막 질문을 던진다.

"당신의 삶은 지금 어디로 배송되고 있는가?"

편리함이라는 목적지로 가고 있는가. 효율이라는 이름으로 시스템의 부속품이 되어가고 있는가. 아니면, 의존 속에서도 자각을 유지하며, 여전히 인간으로 남아 가고 있는가.

정답은 없다. 이 질문을 계속해서 스스로에게 던지는 한, 우리는 여전히 인간이다. 배송받는 존재이지만, 동시에 생각하는 존재. 시스템 안에 살지만, 시스템 밖을 상상할 수 있는 존재. 편리함을 누리지만, 그 대가를 성찰할 수 있는 존재.

양면을 보는 것

이 책이 당신에게 남기고 싶은 것은 단 하나다. 바로 양면을 볼 수 있는 능력이다. 배송의 편리함과 그 대가. 시스템의 효율과 인간의 존엄. 우리가 얻은 것과 잃어버린 것. 자유와 의존. 선택과 설계. 우리는 편리함을 얻었지만 주체성을 잃었고, 시간을 절약했지만 공간을 포기했다. 우리는 시스템을 사용하지만, 시스템 또한 우리를 사용하고 있다.

이 양면을 동시에 응시하는 것. 그것만으로도 우리는 조금 더 자유로워질 수 있다.

국내

통계 및 보고서

국토교통부, 「주거실태조사」 (각 연도)

물류산업통계, 한국교통연구원 (각 연도)

서울시 물류정책과, 「서울시 생활물류 현황 및 정책 방향」 (2023)

통계청, 「온라인쇼핑 동향조사」 (각 연도)

한국노동연구원, 「플랫폼 노동 실태조사」 (2023)

학술 논문

배송 노동자 권리 찾기 네트워크, 「플랫폼 노동의 현재와 미래」 (2023)

해외

A-D

Alexander, Bruce K.

『The Globalization of Addiction: A Study in Poverty of the Spirit』 (2010)

중독의 문화적·사회적 맥락 연구

Baudrillard, Jean

『La société de consommation』 (1970) / 『소비의 사회』

기호로서의 소비, 시뮬라크르 개념

『Simulacres et Simulation』 (1981) / 『시뮬라크르와 시뮬라시옹』

실재와 복제본의 관계

Castells, Manuel

『The Rise of the Network Society』(1996) /『네트워크 사회의 도래』

정보화 시대의 공간 재편, 흐름의 공간(Space of Flows) 개념

E-H

Foucault, Michel

『Surveiller et punir』(1975) /『감시와 처벌』

규율 권력(Disciplinary Power) 개념

『L'Herméneutique du sujet』(1982) /『주체의 해석학』

자기 배려(Care of the Self) 개념

Glaeser, Edward

『Triumph of the City』(2011) /『도시의 승리』

도시화와 집적 경제, 근접성의 가치

Harari, Yuval Noah

『Homo Deus: A Brief History of Tomorrow』(2015) /『호모 데우스』

알고리즘 시대의 인간, 데이터교(Dataism)

I-L

Jacobs, Jane

『The Death and Life of Great American Cities』(1961) /『미국 대도시의 죽음과 삶』

보행자 중심 도시, 거리의 눈(Eyes on the Street) 개념

도시 다양성과 활력의 조건

M-P

Ohno, Taiichi (大野耐一)